ELENA CARRIÈRE

PLANT BASED

MEINE VEGANEN
LIEBLINGSREZEPTE

PLANT BASED

MEINE VEGANEN
LIEBLINGSREZEPTE

ELENA
CARRIÈRE

EMF

EIN BUCH DER
EDITION MICHAEL FISCHER

INHALT

01
—
GRUNDLAGEN

MY JOURNEY

E rwarte nichts, nur das Unerwartbare" und „Ver-
traue dem Universum". Diese Mottos treffen meinen
bisherigen Lebensweg, glaube ich, ganz gut. Denn
ich habe mich nie auf etwas fokussiert oder wollte
etwas Bestimmtes erreichen, die Gelegenheiten sind mir zugeflogen, und dafür bin
ich jeden Tag dankbar.

*„Erwarte nichts,
nur das Unerwart-
bare"*

Ich arbeitete mittlerweile erfolgreich als **Model, Schauspielerin, Event Host und
Content Creator.** Aber inzwischen fokussiere ich mich hauptsächlich auf Social
Media und Offline-Projekte, in denen ich inspirierende Messages, gute Werte und
Denkanstöße liefere. Ursprünglich wollte ich eigentlich einen Nine-to-five-Job, am
besten als Anwältin. Das könnte ich mir heute gar nicht mehr vorstellen! Ich war aber
auch nie besonders ehrgeizig, damit habe ich sicherlich viele Chancen vertan.

Als **Content Creator** möchte ich meine Community informieren, entertainen und
vor allem die richtigen Werte mitgeben. Die Branche reduziert sich schon sehr auf
Oberflächlichkeiten. Deshalb haben Influencer*innen auch einen negativen Ruf. Von
dem Vorurteil möchte ich mich lösen, es ist ein ernstzunehmender Job, WENN man
seine Reichweite richtig und verantwortungsvoll nutzt.

Mein Instagram-Account ist mir durch GNTM zugeflogen, es war nie mein Ziel,
diesen zu erstellen, um damit Geld zu verdienen. Aber nachdem ich die Möglich-
keit dazu hatte, wollte ich damit etwas Sinnvolles angefangen und eben gute Werte vermitteln.

Aber Moment, am besten fange ich ganz vorne an.

Meine Kindheit verbrachte ich in Italien. Nach der Trennung von meinem Vater
Mathieu ist meine Mutter Bettina mit mir nach Venedig gezogen. Damals war ich
fünf Jahre alt. Meine Mama wollte mich eigentlich nur für ein Jahr einschulen, daraus wurden dann zehn. In der Lagunenstadt aufzuwachsen war das Paradies auf
Erden. Venedig ist eigentlich ein Dorf mit viel Wasser rundherum. Die perfekte
Kleinstadt für Kinder: Es gibt keinen Autoverkehr und man wächst dort sehr sicher
und behütet auf. Und wenn man von den vielen Touristen absieht, dann leben dort
nur alte Menschen und viele Familien.

Meine Leidenschaft für Ernährung stammt mit auch aus dieser Zeit. Ich stand schon immer auf italienisches Essen. Und meine
Mutter zauberte aus den köstlichen italienischen Produkten tolle
Gerichte und ließ es sich nicht nehmen, als deutsche Mama „den
gesunden Öko-Touch" einfließen zu lassen. Während die italienischen Kinder Nussnougatcremebrote und Schokoriegel dabei hat-
ten, gab mir meine Mutter Möhren und Schwarzbrot mit. Das fand
ich damals natürlich nicht so toll. Mit mir wollte schon mal niemand
tauschen. Aber es prägte mich und meine Liebe zum Essen.

Mit 15 bin ich nach Hamburg gekommen und war erst mal überwältigt vom Großstadtleben. Nach dem Abitur war klar, dass ich einen „sicheren" Job als Steuerberaterin oder Anwältin haben wollte. Also komplett das Gegenteil vom freiberuflichen Leben meiner Eltern. Von der Medienbranche hatte ich mich bewusst abgekapselt, das Leben als Selbstständige schien mir emotional anstrengend und unsicher.

Dann kam Heidi Klums Modelshow **Germany's Next Topmodel**. Was viele vielleicht nicht wissen: Ich wurde angerufen und habe lange mit meiner Familie Pro- und Contra-Listen geführt, ob ich teilnehmen soll. Die Modeexpertin und Chefredakteurin der französischen *Vogue* (die Freundin meines Vaters) meinte dann: „Elena, du hast nichts zu verlieren. Auch wenn du nur 15. wirst, dann konntest du umsonst reisen und tolle Dinge erleben. Du hast dein Abitur in der Tasche und liebst es doch, neue Kulturen zu entdecken. Das kannst du dort machen."

Während meiner Zeit bei GNTM fing es an, dass **Social Media** immer wichtiger wurden. Vom Sender wurde mir ein Account erstellt. Durch meine Teilnahme und den zweiten Platz bin ich deutschlandweit bekannt geworden. Über Nacht habe ich mehrere Tausende neue Instagram-Follower bekommen. Ein Ziel, das ich damals gar nicht hatte. Ich war zu Beginn auch ziemlich überwältigt und habe Dinge gepostet, die ich nicht mehr veröffentlichen würde. Dennoch bin ich mit meinem Weg im Reinen. Bei GNTM würde ich nicht mehr teilnehmen, aber ich bereue nichts. Schließlich hat es mir viele Möglichkeiten eröffnet und mich dorthin gebracht, wo ich heute stehe. Mittlerweile bin ich auch sehr selbstbewusst und sehe die Modebranche mit anderen Augen.

Anfangs war es eine tolle Zeit als Model. Ich bin viel gereist, habe viel gesehen und war irgendwann bei Pariser und New Yorker Modelagenturen unter Vertrag. Ich habe in dieser Zeit unfassbar viel gelernt, vor allem über mich und meine Art, mit einigen extremen Situationen umzugehen. Ich habe Menschen kennengelernt, die andere als Poster an der Wand hängen haben, und Orte gesehen, deren Schönheit ich mir nicht mal im Traum hätte ausdenken können. Von außen also ein sehr glamourös, voller Events, Prominenten und tollen Hotels. So viel Bereicherung, wie für gleich mehrere Menschenleben.

Doch der **Job als Model** bringt auch viele Schattenseiten mit sich. In der Branche herrscht ein großer Druck. Man rennt täglich von Casting zu Casting und muss mit viel Ablehnung kämpfen, die man nicht persönlich nehmen darf, sonst ist man psychisch schnell am Ende. Auch wenn es so scheint – Modeln ist nicht oberflächlich: Man hat unglaublich viel und tief mit sich selbst zu kämpfen. Auf körperlicher und psychischer Ebene ist es relativ hart. Der größte Druck bei mir ist nicht der von außen, sondern mein eigener. Ständig vergleicht man sich mit Kolleg*innen und muss Riesenmengen an Energie aufbringen, um ständig auf Zack zu sein, zu lächeln, freundlich zu sein und immer zu funktionieren. Das ist beim Influencer*innen-Dasein nicht anders. Es sind beides unglaubliche mentale Zumutungen, gerade für junge Menschen, die in ihrer Identität vielleicht noch gar nicht richtig gefestigt sind. Wie soll man herausfinden, wer man ist, was man wirklich will, wenn einem ständig von außen vorgegeben wird, wie man zu sein hat? Es hinterlässt auch im Nachhinein Spuren, löst übermäßige Selbstreflektion und Zweifel aus und gibt einem auf Dauer im schlimmsten Fall ein vollkommen unrealistisches Bild von sich selbst und seinem Körper – was zu Essstörungen und Depressionen führen kann.

Vor einiger Zeit entschloss ich mich dann, den Weg als klassisches Model erst mal hinter mir zu lassen, um meine Energie in meine eigenen Projekte zu stecken. Ich bin heute sehr zufrieden mit dieser Entscheidung. Ich glaube, alles ist eine Frage von Timing, Energie und Bedürfnissen. Auf seinen Körper zu hören und dem auch zu folgen, ist das Allerwichtigste!

LIFE HACK

LEBEN IN DER ÖFFENTLICHKEIT
Mit negativen Kommentaren ging es bereits bei GNTM los. Mit den „Hatern" hatte ich nie ein Problem, denn für mich war schon immer klar: Die Leute kennen mich nicht und können mich daher nicht beurteilen. Ich sage immer: „Nimm keine Kritik von jemandem an, den du nicht um Rat bitten würdest."

Von meinem Papa habe ich gelernt: Wenn du in die Öffentlichkeit gehst, dann muss dir klar sein, dass auch Gegenwind kommt. Es gibt nichts Langweiligeres als jemanden, der in der Öffentlichkeit steht und nicht polarisiert. Ich liebe es zu polarisieren. Ich finde es gut, dass es Menschen gibt, die mich nicht gut finden. Sonst würde es ja auch keine Menschen geben, die mich gut finden. Ich will meine ungefilterte Meinung sagen können und die konstruktive Kritik und Diskussionen, die daraus entstehen, heiße ich mit offenen Armen willkommen! Es ist für mich wie Geben und Nehmen – oder wie es das Yin- und Yang-Prinzip aussagt: ohne Positives kein Negatives.

Ende 2017 war ich das erste Mal in einer Fastenklinik. Ich kann gar nicht genau sagen, woher das Interesse kam, aber in meinem Job als Model geht es ja viel um Ernährung und Gesundheit.

Davor hatte ich mich nicht besonders mit den gesundheitlichen Aspekten der Ernährung auseinandergesetzt. Auf meinem Speiseplan nahmen verarbeitete Produkte wie Süßigkeiten und Fertigprodukte einen recht großen Platz ein.

In der Klinik nahm ich zehn Tage lang keine feste Nahrung zu mir und konnte in dieser Zeit zahlreiche Vorlesungen und Workshops zum Thema Ernährung besuchen. Was ich dort lernte und auch körperlich erfahren habe, verblüffte mich: Der Mensch benötigt eigentlich gar kein Fleisch, um gesund zu leben. Im Gegenteil, zu viel kann vom Körper nicht verarbeitet werden. Da ich den Geschmack von Fleisch noch nie mochte, habe ich mich entschieden, Vegetarierin zu werden. Bis heute vermisse ich nichts!

Vegan zu werden dagegen, war eine ganz andere Geschichte. Käse, Butter und Eier wegzulassen, bedeutete für mich damals, auf meine heiß geliebten Streuselschnecken und Käsebrötchen vom Bäcker zu verzichten. Oder die Pasta mit Parmesan von meiner Mama!

Da ich aber Gesundheitstrends gegenüber immer schon aufgeschlossen war, wollte ich mir selbst eine Challenge setzen und schauen, was passiert! Ich habe einfach die tierischen Produkte weggelassen und mich erst mal nur noch von Beilagen ernährt, also ziemlich „plain" gegessen. Ich habe anfangs sogar auf Nudeln, Brot, Frittiertes etc. verzichtet, da ich es mit meiner „alten" Ernährungsweise in Verbindung gebracht habe.

Industriell hergestelltes Fake-Fleisch, Tofu-Wurst, Erbsenprotein, Seitan etc. gab es damals noch nicht in der Produktbreite wie heute, sodass ich quasi keinen Zugriff auf Ersatzprodukte hatte. Diese esse ich heute tatsächlich nach wie vor nicht, da ich sie einfach nicht gerne mag. Zudem konnte ich früher auch noch nicht wirklich kochen und hatte mich nie mit Nährstoffen auseinandergesetzt. Ich aß daher fast nur einfache Kohlenhydrate in Form von Kartoffeln, Gemüse, Salaten und Obst.

Also alles ziemlich radikal! Ich habe damals sehr wenig Ballaststoffe gegessen und auch Gewicht verloren. Zudem habe ich es vernachlässigt, meinen Körper mit den notwenigen Nährstoffen zu versorgen und hatte erste Mangelerscheinungen. Das war der Punkt, an dem ich mich mit der veganen Ernährungsweise intensiver auseinandergesetzt habe und auseinandersetzen musste.

Ich war überrascht, wie vielfältig die vegane Küche ist. Isst man vegan, beginnt man automatisch, bei den Lebensmitteln im Supermarkt genau hinzusehen und die Inhaltsstoffe durchzulesen. Man realisiert schnell, was bereits vegan ist. So hat sich mein Speiseplan Stück für Stück erweitert. Mit der Zeit integrierte ich immer mehr neue vollwertige pflanzliche Lebensmittel in meine Ernährung. Ich lernte Hülsenfrüchte lieben und wurde großer Fan von Pseudogetreide. Außerdem erhöhte ich den Rohkostanteil, und dadurch verbesserte sich nicht nur meine Verdauung.

> *Ich war überrascht, wie vielfältig die vegane Küche ist.*

An das **vegane Backen** habe ich mich als Letztes herangetraut. War Backen doch immer meine große Leidenschaft, aber wie sollte das funktionieren, so ohne Ei? Meine ersten Versuche waren nicht von Erfolg gekrönt. Zum Glück ist das Ausprobieren von Rezepten und Zutaten unglaublich kommunikativ und die Geschmackserfahrungen wollen geteilt werden. Meine Eltern und Freunde haben sich tapfer durch meine Versuche gekämpft und ungeschöntes Feedback gegeben. Aber ich habe nicht aufgegeben, viel experimentiert und mich vor allem auf meinen Gaumen und meine Intuition verlassen. Als

ich dann zu Weihnachten meiner Mutter meine veganen Zimtsterne präsentierte und sie völlig aus dem Häuschen war, wusste ich: **Es geht steil bergauf!**

LIFE HACK

WOMEN'S EMPOWERMENT

Was den generellen Druck und den Zusammenhalt in der Branche (der Instagram-Bubble) angeht, muss ich sagen, leiden wir in Deutschland wirklich intensiv unter einer Ellenbogen-Mentalität! In anderen Ländern unterstützen sich Content Creator viel mehr und pushen sich gegenseitig, während ich hier die Erfahrung gemacht habe, dass sich nur wenige Leute den Erfolg untereinander gönnen. Ich habe schon zu Topmodel-Zeiten nicht verstanden, wieso speziell unter Frauen so viel Feindseligkeit herrscht. Ich war meinen Kolleginnen gegenüber immer offen und freundlich. Mir war vom Modeln her schon klar, dass dich ein Kunde aufgrund deines Auftretens und deiner Einzigartigkeit bucht. Man kann sich nichts im Leben wegnehmen, jeder bekommt das, was er in dem Moment bekommen soll. Jedoch fand ich nie Anschluss, die Mentalität war verschlossen. Irgendwann fing ich daher an, mich neben Nachhaltigkeit, mentaler und körperlicher Gesundheit (wie veganer Ernährung, Yoga und Meditation) auch mehr mit Themen wie Body Positivity, Women´s Empowerment und Support zu beschäftigen. Mittlerweile organisiere ich Women Circles und gewinne immer mehr tolle weibliche Wesen zu meinen engen Kreisen dazu, wofür ich unglaublich dankbar bin. Ich befinde mich zwar immer noch in dem Prozess, mich in das Thema einzulesen, aber ich spüre jetzt schon, wie wunderschön diese Art von Zusammenhalt und Wertschätzung sein kann.

Den Großteil meines Lebens habe ich mit Männern verbracht. Ich dachte immer, dass es schwierig sei, mit Frauen ehrliche Beziehungen aufzubauen. Mit Jungs unterwegs zu sein, war doch „viel cooler". Ich habe gelernt: Diese Denkweise kam ebenfalls vom Patriarchat! Uns Frauen wird von klein auf suggeriert, der Mann sei das „stärkere und bessere" Geschlecht, es sei gut, sich dem anzupassen. Wir Frauen haben eine so harte Geschichte an Unterdrückung und Sexualisierung hinter uns und wir brauchen einander, um uns zu stärken und gegenseitig Energie zu geben. Wir sind magische Wesen und dieses Gefühl möchte ich Frauen vermitteln. Ich möchte, dass sich junge Mädchen trauen, ihre Power zu nutzen und dass sie ihren Wert erkennen und spüren, dass sie alles schaffen können. Ob durch „reality check pose"-Postings, Storys zu diesen Themen oder

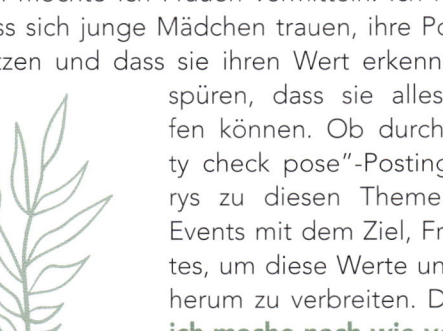

Events mit dem Ziel, Frauen zu reconnecten. Ich gebe mein Bestes, um diese Werte unter anderem durch Social Media um mich herum zu verbreiten. Dennoch weiß ich: **Ich bin nicht perfekt, ich mache nach wie vor Fehler**. Aus diesen möchte ich gemeinsam mit meiner Community lernen.

VEGAN WERDEN — WIE DIR DER UMSTIEG GELINGT

Du möchtest dich jetzt vegan ernähren. Das kann ganz unterschiedliche Gründe haben: der positive Effekt auf die Umwelt, aus Tierliebe oder die positiven Auswirkungen auf deine Gesundheit. Egal, warum du dich dafür entschieden hast, jeder hat einen anderen Ansatz. Nachdem ich mich schon seit mehreren Jahren rein pflanzlich ernähre, sind all diese Punkte im Lauf der Zeit für mich relevant geworden und bestärken mich, weiterhin vegan zu essen. Ich vermisse nichts, im Gegenteil — ich habe vieles dazugewonnen.

FIND WHAT WORKS FOR YOU — wähle den Weg, der passend für dich ist. Der Umstieg zu einer veganen Ernährung ist immer ein **Prozess,** der mit Höhen und Tiefen verbunden ist. Ich möchte dir daher ein paar meiner Tipps mit auf den Weg geben, damit der Umstieg für dich einfacher wird.

BABY STEPS – *lass dir Zeit*

Ich kann verstehen, dass du sofort mit der veganen Ernährung durchstarten möchtest. Allerdings: Die wenigsten Veganer*innen sind von heute auf morgen auf einen pflanzlichen Lebensstil umgestiegen. Sicherlich gibt es einige Menschen, bei denen die Entscheidung von einem auf den anderen Tag fällt und die das dann konsequent durchziehen.

Es gibt aber auch viele, denen eine Veränderung schwerfällt und die Zeit brauchen, bis sie sich an **neue Gewohnheiten** angepasst haben. Das ist absolut nicht schlimm und völlig in Ordnung. Ich selbst habe auch mit Baby Steps angefangen. Nach meinem ersten Aufenthalt in einer Fastenklinik habe ich mich dazu entschieden, mich erst einmal vegetarisch zu ernähren. Ich lernte von den dortigen Ärzt*innen und Wissenschaftler*innen vieles darüber, wie der Körper funktioniert, und bemerkte, dass der Mensch eigentlich gar kein Fleisch braucht, um gesund zu sein. Im Gegenteil, ich sah an mir selbst, wie schwer es für meinen Darm eigentlich war, Käse und Fleisch zu verdauen! Da beschloss ich: das möchte ich ihm nicht mehr zumuten. Der Schritt zum Veganismus war dann nur noch eine Frage der Zeit.

Mach dich daher nicht verrückt und nimm dir die Zeit, die du brauchst. Ob du dich schrittweise umstellst oder von einem Tag auf den nächsten, ist vor allem eine

Typ-Frage und lässt sich nicht pauschal für jeden Menschen festlegen. Für den Umstieg auf eine vegane Ernährung sollte jeder sein eigenes Tempo finden.

MEINE TIPPS FÜR DEN ANFANG

- Anstatt in die Vollen zu gehen, kannst du deine Ernährung zunächst auf vegetarisch umstellen, um nicht alles auf einmal zu verändern.

- Lass erst mal nur ein tierisches Produkt weg, das du nicht so oft isst, wie Wurst, Fleisch oder Käse.

- Gestalte eine Mahlzeit vegan. Ersetze beim Frühstück z. B. die Milch im Porridge durch einen pflanzlichen Drink.

- Plane einen veganen Tag pro Woche ein und steigere dies nach und nach auf mehr Tage.

- Setze dir selbst eine Challenge und versuche, eine Woche oder einen Monat komplett vegan zu leben, und beobachte, wie es dir damit geht.

BE IMPERFECT – *du musst nicht perfekt sein*

Nur weil man sich für eine vegane Ernährung entschieden hat, erhofft sich niemand, dass man alles von heute auf morgen ändert und nie wieder tierische Produkte isst. Erwarte es deshalb auch nicht von dir selbst! Du wirst sicherlich aus Versehen etwas essen, das sich im Nachhinein als nicht 100 Prozent vegan herausstellt. Das wird passieren, und ganz ehrlich – das ist auch kein Weltuntergang!

Achte nur auf DICH, schaue nicht nach links und rechts. **Es gibt keine*n „perfekte*n" Veganer*in,** denn es kommt immer auf die persönliche Geschichte dahinter an. Was dir guttut, könnte jemand anderem beispielsweise eher schaden, und umgekehrt. Lerne deinen Körper kennen, ohne ihn für seine Bedürfnisse und Fähigkeiten zu verurteilen.

Ich verwende z. B. immer noch ab und zu Honig (siehe auch Seite 40) – er muss aus Deutschland kommen und nachhaltig hergestellt sein, aber ich verzichte eben nicht darauf.

Ganz selten genehmige ich mir sogar etwas Fisch, wenn ich z. B. im Urlaub an der Küste Portugals bin, wo die Fischer vor unserer Tür am Morgen den Fisch fair und ökologisch vertretbar gefischt haben, dafür gerecht bezahlt werden und der mitunter weite Transportweg entfällt. Ich schätze die **gesundheitlichen Vorteile** dieser Lebensmittel und bin mir dessen bewusst, was und wie ich konsumiere. Ich nehme mir vor dem Essen einen Moment Zeit und bedanke mich bei dem Lebewesen dafür, dass nun seine Energie, seine Lebenskraft zu meiner werden darf.

Dankbarkeit und Wertschätzung für Lebensmittel, die uns zur Verfügung stehen, zusammen mit deren Qualität und energetischem Wert, sind viel wichtiger als die soziale Moral oder gesellschaftliche Zwänge. Versuche dich einfach nach und nach an die vegane Thematik heranzuwagen. Verlasse dich dabei stets auf dein Gefühl und setze nur um, was dir guttut. Du wirst sehen, die Erfolge werden dich weiter anspornen.

BE PREPARED – *Vorbereitung*

Eine Veränderung bedeutet, am Anfang immer gewohnte Pfade zu verlassen. Mehr Aufwand und Zeit sollten dich aber keineswegs davon abschrecken. Denn trotz aller guten Gründe, sich vegan zu ernähren, läufst du ohne ausreichende Vorbereitung Gefahr, nach kurzer Zeit enttäuscht aufzugeben. Leg dir einen Vorrat an veganen Lebensmitteln zu, die lange haltbar sind. Dazu habe ich dir die **Basics aus meinem veganen Vorratsschrank** (siehe Seite 36) aufgelistet, mit dem du problemlos viele Gerichte aus dem Buch zaubern kannst. So vermeidest du diverse Besuche im Supermarkt und sparst nicht nur Zeit, sondern schonst auch deinen Geldbeutel.

BALANCED – *iss ausgewogen*

Veganismus ist bekannt als eine Ernährung ohne Tierprodukte. Doch ganz so einfach ist es nicht. Wer zuvor viel Fleisch, Milch und Eier verzehrt hat und diese einfach weglässt, wird schnell frustriert aufgeben. In schweren Fällen kann es durch eine einseitige Ernährung sogar zu einem Mangelzustand kommen. So erging es mir anfangs auch, davon habe ich dir ja bereits in meiner Geschichte (siehe Seite 11) berichtet. Wechsle stattdessen die Perspektive und richte deinen Fokus auf all die veganen Alternativen, die du noch nicht kennst: Die Auswahl an rein pflanzlichen Gerichten und Genüssen ist schier endlos.

Vegan zu leben, hat nichts mit Verzicht zu tun. Ganz im Gegenteil: es kann als Anreiz gesehen werden, Neues zu probieren und dabei eine Vielfalt an unbekannten, aber gesunden Lebensmitteln und köstlichen Gerichten zu testen.

SOCIAL LIFE – *informiere dein Umfeld*

Essen ist eine höchst **soziale Tätigkeit.** Daher ist Unterstützung im Freundes- und Familien-kreis besonders wichtig beim Umstieg. Nicht zu-letzt auch deshalb, weil sich viele Vorstellungen und Vorurteile hartnäckig halten. Ein Umfeld, das dir einreden möchte, deine Ent-scheidung sei ungesund, ist dabei ebenso kontraproduktiv wie strenge Veganer*in-nen, die dir keine Zeit für eine langsame Umstellung zugestehen. Meine Mutter und mein Vater sind hier sehr aufgeschlossen und haben mich immer unterstützt. Und hey, Mathieu ernährt sich dank mir inzwischen nur noch vegetarisch. Damit will ich sagen, ich hatte Glück, aber ich weiß, wie schwer es sein kann, sich nicht vom Umfeld abhängig zu machen und eventuelle Urteile und Bewertungen von außen abprallen zu lassen. Verfolge einfach dein Ziel, höre dabei auf deinen Körper und vermittle stets offen und nett, aber mit Stärke, dass du diesen Weg für dich wählen möchtest und diese Entscheidung auch von allen akzeptiert werden sollte!

> *Vegan zu leben, hat nichts mit Verzicht zu tun.*

STAY SOCIAL – *Restaurantbesuch*

Tatsächlich ist es einfach, sich vegan zu ernähren, wenn du für dich selbst einkaufst, kochst und von morgens bis abends selbst bestimmen kannst, was du wann isst. Gar nicht mehr ins Restaurant zu gehen, ist aber keine Option für mich.

Mittlerweile gibt es zumindest in den Großstädten unzählige vegane Restaurants, die du mit deinen Freund*innen erkunden kannst. Wenn dein Umfeld veganen Res-taurants nichts abgewinnen kann, dann recherchiere ein paar Restaurants, die für jeden von euch passen. Es bringt total viel Spaß, gemeinsam neue Restaurants auszuprobieren, und wenn deine Freund*innen dann mal bei deinem veganen Teller probieren können, werden sie wahrscheinlich überrascht sein, wie gut es schmecken kann!

Immer eine gute Wahl sind asiatische Restaurants (wie z.B. viet-namesisch, indisch) oder aus dem östlichen Raum wie libanesisch. Dort finden alle ihr Lieblingsgericht, und wenn nicht, können die vegetarischen Gerichte leicht „veganisiert" werden.

MY DAILY MORNING ROUTINE

Kennst du das auch? Der Wecker meldet sich unaufhörlich und nach dem dritten Mal hetzt du ins Bad. Deinen Kaffee trinkst du im Stehen und verlässt danach überstürzt das Haus. Ich hatte solche Phasen, in denen ich morgens so gar nicht aus dem Bett wollte und schon gestresst den Tag begonnen habe. Dass dieser morgendliche Stress auf Dauer nicht gesund ist, war mir klar.

Ich habe daher begonnen, den Ablauf der ersten Stunden bewusster zu gestalten, und zwar jeden Tag – bis es zur Gewohnheit wurde. Mittlerweile freue ich mich auf den Tag und stehe beschwingt auf. Gerade diese **spezielle Energie am Morgen** ist besonders wertvoll, da wir in den ersten Stunden nach dem Aufwachen am offensten und verletzlichsten sind. Ich begegne dem Tag entspannt und habe eine klare Entscheidungsfähigkeit. Mehr noch: Ich bin konzentrierter und produktiver.

Mir ist es aber auch wichtig zu sagen, dass das ein Prozess war. Kaum jemand stellt seine alten Gewohnheiten von heute auf morgen um. Und klar: Der perfekte Start in den Tag sieht für jeden anders aus. Die Anpassung an deine **eigenen Bedürfnisse** ist wichtig. Wenn ich für einen Job unterwegs bin, ist die Morgenroutine auch mal kürzer. Aber die Zeit dafür ich mir gern und stehe dafür früher auf. Meine Routine soll dich inspirieren, deinen Tag entspannter zu beginnen.

DIGITAL DETOX

Mein bewusster Start in den Tag beginnt schon am Vorabend. Denn vor dem Schlafengehen schalte ich mein Handy auf Flugmodus.

Am Tag danach bin ich auch erst frühestens ab 13, 14 Uhr wieder online. Klar, wenn morgens Jobs anstehen, bei denen ich physisch anwesend sein muss, dann bin ich schon früher erreichbar. **Regelmäßige Offline-Zeiten** sind aber wirklich super wichtig, gerade in Zeiten, in denen man über das Smartphone ständig erreichbar „sein muss" – was ich übrigens als ganz falsch und ungesund empfinde. Warum sollte man ständig von einem kleinen Gerät in der Tasche so abhängig sein, dass man vergisst, im Hier und Jetzt zu leben? Niemand sollte von einem erwarten, ständig „available" zu sein. Das habe ich meinen Freund*innnen und Eltern auch zu verstehen gegeben, und nach einer Gewöhnungsphase haben sie es dann verstanden und akzeptiert. Solange du dein Handy am Morgen nicht zwingend für deinen Job benötigst ist keine Benachrichtigung dieser Welt es wert, dich aus dem Hier und Jetzt zu ziehen.

Falls du immer noch denkst, du würdest dort draußen etwas verpassen: Während meiner dreiwöchigen Ayurveda-Kur in Indien lag das ausgeschaltete Gerät die ganze

Zeit im Safe. Ich bin erst online gegangen, als ich zurück in Deutschland war. Und ehrlich: Ich habe nichts verpasst! Die Welt dreht sich auch ohne einen weiter, und das hat mir ein ungewöhlich entspanntes Gefühl der Gelassenheit gegeben!

READING

Wenn ich die Zeit habe, dann beginnt der Tag für mich mit Lesen im Bett! Es gibt eigentlich keine entspanntere Art und Weise, in den Tag zu starten, als ein gutes Buch in die Hand zu nehmen und ein Stückchen weiterzulesen. Dadurch wird deine morgendliche Energie langsam angebrochen, dein Organismus kann entspannt und in Ruhe vom Unbewussten ins Bewusste übergehen.

ÖLZIEHEN

Ich starte morgens direkt nach dem Aufstehen mit der Kur. Ölziehen ist eine uralte **Tradition aus der indischen Ayurveda-Lehre** und zeigt seine positive Wirkung im Mundraum. Bakterien und andere krank machende Erreger werden vom Öl und dem vermehrt fließenden Speichel gebunden und anschließend durch Ausspucken entfernt. Das sorgt für eine gesunde Mundschleimhaut, pflegt die Zähne und wirkt Karies, Zahnfleischentzündungen und Mundgeruch entgegen. Es gibt weniger Zahnbelag und die Zähne sollen sogar heller werden. Ölziehen geht ganz einfach und ist wohltuend für den ganzen Körper. Ausprobieren lohnt sich! Ich verwende Kokosöl, da ich den Geschmack liebe. Du kannst auch Olivenöl benutzen – hier ist mir der Geschmack zu intensiv. Im Ayurveda wird auch Sesamöl verwendet.

Währenddessen nutze ich die Zeit, denn ich liebe es, am Morgen direkt erst mal meine Umgebung in Schuss zu bringen! Ich räume auf, mache Wäsche, den Abwasch vom Abend davor, falte Klamotten ... Wer im Außen geordnet ist, ist auch im Kopf entspannter und strukturierter!

So funktioniert's: Morgens nach dem Aufstehen und noch vor dem Zähneputzen ca. 1 TL Kokosöl in den Mund nehmen, hin und her bewegen, dabei kauen und durch die Zahnzwischenräume ziehen. Das Öl soll ständig in Bewegung bleiben und wird durch die Mischung mit dem Speichel immer dünnflüssiger. Optimal sind 15–20 Minuten Ölziehen – taste dich langsam heran!

Wichtig: Die Öl-Speichel-Mischung zuletzt in ein Papiertaschentuch spucken und im Hausmüll entsorgen. Eine Entsorgung über den Abfluss kann zu erheblichen Schäden und Verstopfungen in den Abwasserleitungen führen. Anschließend den Mund mit warmem Wasser ausspülen, mit einem Schaber oder Löffel die Zunge abschaben und danach die Zähne putzen.

APFELESSIG TRINKEN

Anschließend trinke ich ein **warmes Glas Wasser** mit einem Schuss Apfelessig. Der Drink am Morgen ist ein altbewährtes Hausmittel. Apfelessigwasser bringt bei regelmäßiger Anwendung die Verdauung in Schwung, stärkt das Immunsystem, reinigt den Darm und verbessert das Hautbild. Was viele nicht wissen: Apfelessig ist ein fermentiertes Produkt. Und bekanntlich dienen fermentierte Nahrungsmittel als Probiotika, welche unsere Darmbakterien nähren und glücklich machen! Wenn sie glücklich sind, sind wir es wiederum auch. Verwende deshalb nur naturtrüben Apfelessig in Bio-Qualität und achte beim Einkauf auf ein naturbelassenes Produkt, das bei der Herstellung weder pasteurisiert noch gefiltert wurde.

So funktioniert's: Fülle ca. 500 ml heißes Wasser in ein Glas oder Gefäß und rühre 2 EL guten Apfelessig ein. Nach Belieben noch 1 Prise Natron oder Weinstein zufügen. Das Apfelessigwasser langsam in kleinen Schlucken trinken. Cheers!

JOURNALING

Während ich das Apfelessigwasser trinke, schreibe ich zunächst in mein Journal. Dadurch lagere ich meine Gefühle und Gedanken aus dem Kopf aus. **Journaling** ist ein wertvolles Tool, das ich dir gerne ans Herz legen möchte. Dafür musst du nicht unbedingt ganze Texte schreiben, du kannst Zeichnen, Zitate aufschreiben oder einfach nur einzelne Stichworte notieren. Auch Bilder, Kritzeleien oder Songtexte sind erlaubt! Niemand muss es jemals sehen. Also lass es einfach aus dir rausfließen. Bestimmt kennst du das: Solange etwas immer weiter im Kopf rumschwirrt, scheint es riesengroß und dramatisch zu sein ... Sobald es dann ausgesprochen oder eben aufgeschrieben wird, ist alles nur noch halb so wild. So bringe ich etwas Klarheit in meine Gedanken.

Als Nächstes mache ich mich an meine unterschiedlichen Kalender und Agenden. Davon habe ich unzählige – für Arbeit, für private Termine, einen, um spontan Rezepte oder kreative Ideen aufzuschreiben, und einen für meine Steuerberaterin! Das habe ich von meinem Vater, der das schon seit vielen Jahren praktiziert. Kalender führen gibt mir **Struktur und Sicherheit.** Ich könnte dir jetzt erzählen, was ich heute vor drei Jahren wo, wann und mit wem gemacht habe. Ich gebe zu, das hört sich etwas krankhaft an … Mir hilft es aber dabei, meine Ziele zu erreichen und den Tag zu planen. Auch eine tolle Sache: im Journal z. B. aufschreiben, wofür du dankbar bist. Probier das mal aus. Du wirst staunen, wie viel du über dich selbst lernst.

YOGA & MEDITATION

Jeden Tag zu **meditieren,** ist mein Ziel. Das funktioniert bisher aber nur so lala. Aber ich bleibe dran, da ich merke, dass es mir sehr guttut. Mir helfen dabei meine Meditationssteine, die ich im Laufe der Jahre gesammelt habe. Mein Lieblingsstein ist der Rosenquarz, er ist ein Herzensstein, der für Liebe steht und mir das Gefühl von Erdung gibt. Mir ist bewusst, dass gewisse Tools oder Gegenstände für andere Menschen nicht dieselbe Bedeutung haben wie für mich. Ich glaube bei allem, was in Richtung Spiritualität und Selbstfindung geht, ist es total wichtig, dass man seinen ganz persönlichen Helfer findet; ob es nun etwas Greifbares ist oder nicht!

Mein täglicher **Yoga-Flow** gehört schon länger zu meiner Routine. Wenn ich den Tag mit Bewegung starte, bin ich direkt entspannter und gelassener. Flexibilität im Körper bedeutet auch einen flexibleren Kopf. Es muss nicht unbedingt jeden Tag eine Stunde Poweryoga sein oder überhaupt eine Einheit! An manchen Tagen reicht mir auch, einfach fünf Minuten wild zu meinem Lieblingssong zu tanzen. Einmal alles Aufgestaute ausschütteln und somit deinen Kreislauf in Gang zu bringen! Auch eine Runde „breathwork" bewirkt morgens Wunder für das Energielevel.

MATCHA LATTE & FRÜHSTÜCK

Jetzt ist es Zeit für **meinen Lieblingsdrink** – Matcha Latte. Das grüne Teepulver habe ich eigentlich schon länger zu Hause, aber seit ich Kaffee nicht mehr so gut vertrage, habe ich den Superfood-Drink so richtig für mich entdeckt und lieben gelernt. Matcha steckt voller Antioxidantien und wertvoller Nährstoffe. In Kombination mit einem pflanzlichem Drink sättigt mich der Matcha Latte für einige Zeit.

So funktioniert's: 100 ml Mandeldrink oder anderen Pflanzendrink erwärmen und nach Belieben aufschäumen. 2 TL Matchapulver zuerst mit nicht zu heißem Wasser verquirlen, bis es sich aufgelöst hat, und dann mit dem Mandeldrink mischen.

Da ich ein großer Fan von intermittierendem Fasten bin, entfällt für mich das klassische Frühstück. Darauf kann ich gut verzichten, auf meine gesunden Bowls nicht – deshalb serviere ich diese einfach zum Mittagessen, in sehr großen Portionen! Das sättigt gut für den Tag. Am liebsten esse ich eine Açaí-Bowl (siehe Seite 75) oder ein warmes Porridge mit etwas Zimt und gesunden Toppings (siehe Seite 63).

MEINE VEGANE ERNÄHRUNG

Vegan essen heißt **ganz ohne Tier.** Also weder Fleisch, Wurst und Fisch noch Käse, Milchprodukte, Eier oder Honig. Das sieht im ersten Moment nach einem großen Verzicht aus. Kann man da überhaupt noch etwas essen außer Salat? Wenn du den Aufstrich am Morgen oder das Steak und den Burger weglässt, dann fehlt dir erst mal was auf deinem Teller. So ging es mir am Anfang meiner Umstellung auch.

Inzwischen erlebe ich das pure Gegenteil: Seitdem ich mich fast ausschließlich vegan ernähre, habe ich festgestellt, dass es eine unglaublich große **Vielfalt an pflanzlichen Lebensmitteln** wie beispielsweise Hülsenfrüchten, Nüssen und Trockenfrüchten gibt, die ich jahrelang vernachlässigt habe.

Was also zunächst nach einer großen Einschränkung klingt, ist heutzutage gar nicht mehr so schwierig. Wenn du dich vegan, ausgewogen und vielseitig ernährst, dann fehlt dir letztlich nichts. Das heißt aber auch, sich von traditionellen Essmustern zu trennen. Statt einer klassischen Telleraufteilung gibt es bei mir bunte Bowls, nahrhafte Salate und vielseitige Soulfood-Eintöpfe. Mein Motto lautet: „Eat the rainbow", also so bunt wie möglich. Und das am besten immer frisch gekocht. So weißt du genau, was im Essen steckt und wie es verarbeitet ist. Ich kaufe keine Fertiggerichte, keine industriellen Saucen und keine Ersatzprodukte. In ihnen stecken meist jede Menge Salz, Zucker, ungesunde Fette sowie Geschmacks- und Konservierungsstoffe. Zudem sind sie oft aufwendig verpackt, was auch nicht nachhaltig ist.

Meine Rezept-Inspirationen mit **frischen, unverarbeiteten Lebensmitteln** findest du ab Seite 47.

LIFE HACK

MEINE OMA-REGEL
Der Leitfaden, den ich beim Einkauf vertrete, ist folgender: Kaufe nichts, was deine Oma nicht kennen würde! Werfe einen Blick auf die Zutatenliste der verpackten Produkte und achte darauf, dass du alles verstehst, was du liest. So kannst du dir sicher sein, dass dein Körper auch nur das bekommt, was er von Natur aus verwerten kann.
Warum solltest du etwas essen, dessen Name schon wie ein chemisches Experiment klingt?

MEINE WAHL: *regional und saisonal*

Jede Mahlzeit, die du isst, beeinflusst das Klima. Wenn du dich nicht nur vegetarisch/ vegan, sondern auch **nachhaltig ernähren** möchtest, dann sind frisches Gemüse und Obst aus der Region und der jeweiligen Saison besonders zu empfehlen. Denn: je kürzer die Wege der Lebensmittel, umso besser für die Umwelt. Für Produkte aus der Region fallen nicht nur weniger Transportkosten an, es wird meist auch weniger Verpackung benötigt. Aufwendiges Herstellen, Entsorgen und Recycling von Verpackungsmaterial kann somit vermieden werden. Dies schont die Umwelt. Darüber hinaus weisen saisonale Produkte häufig eine bessere CO_2-Bilanz auf.

Jede Mahlzeit, die du isst, beeinflusst das Klima.

Natürlich sind **Regionalität und Saisonalität** auch wichtige Aspekte für die Gesundheit! Am allermeisten profitieren wir von den Lebensmitteln, die in unserer Nähe und in unserem Land gewachsen sind. Jeder weiß, wie intensiv aromatisch reife, frisch geerntete Tomaten schmecken. Tomaten, die unreif gepflückt und lange transportiert werden, erreichen dieses Aroma bei Weitem nicht. Saisonale, regionale Früchte und Gemüse können auf dem Feld ausreifen. Sie werden uns von der Natur zur jeweiligen Jahreszeit „bereitgestellt". Deshalb schmecken sie meist besser und sind reicher an wichtigen und gesundheitsfördernden Substanzen.

LIFE HACK

UNVERPACKT EINKAUFEN

Eigentlich will ihn niemand – und trotzdem wird er immer größer: der Verpackungsmüllberg.

Immer öfter eröffnen kleine Supermärkte, in denen du „unverpackt" einkaufen kannst. In den Läden gibt es neben Obst und Gemüse, Reis, Nüssen, Nudeln und Haferflocken auch Waschmittel & Co. – nur ohne Verpackung. Das Ganze funktioniert so: Entweder bringst du deinen eigenen Beutel, Becher, deine Schraubgläser oder Dosen mit oder die Waren werden in Mehrwegbehältnissen angeboten.

Ich will nicht lügen, es ist unglaublich schwer, heutzutage keinen Plastikmüll zu generieren! Jeder Hummus, jeder Keks und jede Nusspackung kommt mit Plastik einher. Wichtig ist erst mal, dass wir versuchen, an den Stellen, wo es wirklich vermeidbar ist, darauf zu achten, dass wir den minimalsten „Waste"-Ausschuss betreiben, der uns möglich ist.

Und irgendwann wird es zum Automatismus, seinen eigenen Glasbehälter mit zum Markt zu nehmen, um sich Nüsse oder Oliven zu holen, versprochen!

CLEVER TAUSCHEN —
MEINE ALTERNATIVEN FÜR TIERISCHE PRODUKTE

🌱 Milch	Pflanzendrink, z. B. Hafer-, Mandel-, Kokos-, Reisdrink etc. – wähle ungesüßte Drinks und achte darauf, dass sie keine unnötigen Zusatzstoffe enthalten.
🌱 Joghurt	Pflanzliche Mandel-, Hafer- oder Kokos-Joghurtalternative
🌱 Sahne	**Zum Kochen:** pflanzliche Soja- oder Hafer-Sahnealternative
	Zum Aufschlagen: z. B. Soja- oder Kokos-Schlagcreme
🌱 Käse	Hefeflocken (Nährhefe) kannst du wie Streukäse verwenden, das ergibt einen leichten Käsegeschmack.
	Industriell hergestellten, veganen Ersatz für Käse, meist auf Basis von pflanzlichem Fett und Stärke (verwende ich persönlich nicht, es gibt aber mittlerweile eine große Auswahl)
🌱 Quark	Pflanzliche Quarkalternative aus Soja, Mandeln oder Cashewkernen; Seidentofu
🌱 Butter	Pflanzliche Öle wie Olivenöl, Sesamöl zum Braten
	Kokosöl kannst du wie Butter zum Backen und Braten verwenden.
🌱 Honig	Flüssige Süßungsmittel wie Ahorn-, Dattel- oder Reissirup
🌱 Vollmilch-schokolade	Vegane dunkle oder weiße Schokolade
🌱 Eier	**Zum Backen:** reife zerdrückte Bananen, Apfelmus, gequollene Lein- oder Chia-Samen
	Für den Eigeschmack: Kala Namak (indisches Schwarz- oder Steinsalz mit Schwefelgeschmack)
🌱 Fleisch und Wurst	Tofu (natur oder geräuchert), Tempeh, Seitan, Sojageschnetzeltes, Jackfruit
🌱 Gelatine	Agar-Agar (pflanzliches Pulver aus Meeresalgen)

Und wie deckst du deinen EIWEISSBEDARF?

Seit ich mich vegan ernähre, ist das die meistgestellte Frage aus meinem Umfeld. So ohne Fleisch, Fisch und Milchprodukte, wie kommst du da auf deine tägliche Proteinmenge? Ganz easy, lautet meine Antwort! Im Ernst: Bei einer **ausreichenden Energiezufuhr** ist die Versorgung mit Protein normalerweise kein Problem, denn Eiweiß ist in vielen pflanzlichen Lebensmitteln enthalten.

PROTEIN – PFLANZLICH VERSUS TIERISCH

Zunächst – **ohne Eiweiß läuft nichts** in unserem Körper. Proteine bilden die Grundstruktur der Muskeln und Knochen und sorgen für einen funktionierenden Stoffwechsel. Eiweiße setzen sich aus verschiedenen Bausteinen, den Aminosäuren, zusammen. Einige Aminosäuren können besser, andere weniger gut als Bausteine für Eiweiße verwendet werden. Die biologische Wertigkeit gibt die Qualität des Nahrungseiweißes an, d. h. wie viel Körpereiweiß aus Nahrungseiweiß gebildet werden kann.

Eiweiß aus pflanzlichen Lebensmitteln kann vom Körper weniger gut verwertet werden, da es meinst nicht alle essenziellen Eiweißbausteine gleichzeitig enthält. Durch **geschicktes Kombinieren** werden pflanzliche Lebensmittel jedoch zu Top-Eiweißlieferanten, die Fisch und Fleisch in nichts nachstehen.

Du machst es wahrscheinlich oft ganz automatisch, z. B. wenn du ein Chili aus Mais und Bohnen zauberst, Hummus aufs Vollkornbrot streichst oder Nudeln mit Linsen- oder Sojabolognese servierst. Ideal ist also die Kombination von Hülsenfrüchten mit Vollkorngetreide, Kartoffeln oder Nüssen. Übrigens spricht natürlich nichts dagegen, wenn du verschiedene pflanzliche Proteinquellen nicht in einer Mahlzeit kombinierst, sondern über den Tag verteilt isst.

Im Klartext: Solange du dich abwechslungsreich ernährst und insgesamt genügend Kalorien zu dir nimmst, musst du dir keine Gedanken über einen Eiweißmangel machen.

PFLANZLICHE PROTEINQUELLEN

Lebensmittel	Eiweißgehalt in Gramm/ 100 Gramm	Lebensmittel	Eiweißgehalt in Gramm/ 100 Gramm
Sojabohnen	35 g	(Süß-)kartoffel	2 g
Kichererbsen	19 g	Rosenkohl	5 g
Linsen	23 g	Mohnsamen	20 g
Kidneybohnen	24 g	Walnüsse	14 g
Edamame	12 g	Mandeln	19 g
Tofu	9 g	Sonnenblumenkerne	23 g
Tempeh	16 g	Hanfsamen	30 g
Haferflocken	13 g	Leinsamen	24 g
Grünkohl	4 g	Chia-Samen	17 g

Bitte MEHR FETT!

Leider eilt ihnen ein schlechter Ruf voraus. Fette werden aufgrund ihres Kaloriengehalts seit Jahrzehnten als gefährliche Dickmacher abgestempelt. Während meines Jobs als Model habe ich das leider oft erfahren müssen. Akribisch wurde in meinem Umfeld Fett gespart, damit ja keine Fettpölsterchen entstehen.

Ein Mehr davon scheint also auf den ersten Blick nicht sinnvoll. **Nahrungsfette** sind allerdings für unseren Organismus ein fundamentaler Baustein, sie erfüllen wichtige Funktionen im Stoffwechsel, z. B. bei der Immunabwehr, der Hormonproduktion oder beim Zellaufbau. Wichtig: Die Qualität der verwendeten Fette ist entscheidend. Fette in pflanzlichen Lebensmitteln wie Ölen, Nüssen, Avocados oder Oliven bestehen aus gesunden ungesättigten Fettsäuren. Bau diese Fette so gut es geht in deine Gerichte ein. Du wirst sehen, bei einer ausgewogenen Ernährung wirst du bezüglich deiner Figur keinen Unterschied bemerken! Das weiß ich aus eigener Erfahrung. Denn auch ich habe mich durch „fettarme" Diäten gequält. Ich hatte trockene Haut und Haare, ständig Hunger – vor allem auf Süßes – und war von meinen Gerichten selten befriedigt. Der Grund für Letzteres: Während einfache Kohlenhydrate (wie Zucker und Weißmehlprodukte) dein Insulin in die Höhe schießen lassen und damit dem Körper signalisieren, Kalorien zu speichern, halten Fette diesen Wert niedrig und beständig und geben dir ein allgemeines Gefühl der Sättigung.

Vermeiden solltest du dagegen **Transfette,** das sind künstlich gehärtete Fette. Du findest sie vor allem in hochverarbeiteten Fertigprodukten, Chips, Pommes frites und minderwertigen Margarinen. Und: Finger weg von „fettarmen" Diäten oder Produkten!

Kritische NÄHRSTOFFE

Noch ein Punkt, der immer wieder angesprochen wird: Dir fehlen bestimmte Nährstoffe! Ja, einige Nährstoffe kommen vor allem in tierischen Produkten vor oder werden weniger aus pflanzlichen Lebensmitteln aufgenommen. Dazu gehören die Vitamine B_{12} und D, die Mineralstoffe Kalzium und Eisen sowie Omega-3-Fettsäuren.

VITAMIN B_{12}

Vitamin B_{12} ist der kritischste Nährstoff, da er nur in tierischen Lebensmitteln in ausreichender Menge vorkommt. Unser Körper kann glücklicherweise größere Mengen speichern, um uns in schlechten Zeiten damit zu versorgen. Allerdings solltest du deinen B_{12}-Spiegel regelmäßig vom Hausarzt testen lassen und nach Absprache entsprechend supplementieren.

VITAMIN D

Vitamin D ist nicht nur für Veganer*innen in unseren Breitengraden, insbesondere im Winter, problematisch, da es nur gering über die Nahrung aufgenommen, sondern durch UV-B-Srahlung gebildet wird. Falls dein*e Arzt/Ärztin einen Mangel feststellt, solltest du nach Absprache hier zu einem Nahrungsergänzungsmittel greifen.

EISEN

Die **Eisenversorgung** ist nicht nur bei einer veganen oder vegetarischen Ernährung problematisch. Besonders wir Frauen sind davon betroffen. Eisen aus pflanzlichen Lebensmitteln kann unser Körper weniger gut aufnehmen. Kombiniere daher eisenhaltige pflanzliche Lebensmittel wie Vollkorngetreide, grünes Blattgemüse oder Hülsenfrüchte mit Vitamin-C-reichen Lebensmitteln wie Paprika, Grünkohl, Petersilie, Zitrone oder Beeren. Die Eisenaufnahme wird dadurch verbessert.

KALZIUM

Wer im Müsli und Kochen oder Backen Pflanzendrinks verwendet, kann zu einer mit **Kalzium** angereicherten Sorte greifen. Ebenso sind Mohn, Sesam, Leinsamen, Haselnüsse, Grünkohl, Rucola, Brokkoli und Trockenfrüchte gute Lieferanten für Kalzium. Auch kalziumreiches Mineralwasser (> 150 mg/l) kann zur Versorgung beitragen.

OMEGA-3-FETTSÄUREN

Omega-3-Fettsäuren kommen in Meeresprodukten wie Fisch und Algen sowie in Lein- oder Weizenkeimöl vor. Einen Teelöffel Leinöl kannst du regelmäßig in deinen Smoothie oder deine Frühstücks-Bowl mischen. Um eine gute Versorgung zu gewährleisten, kann es bei Mangel sinnvoll sein, rein pflanzliche Supplemente zu integrieren.

DIE HOLISTISCHE ERNÄHRUNG UND DIE 5 ELEMENTE

Der Mensch ist Natur. Wir bestehen aus ihr, wir kommen von ihr und leben nur durch sie. Wie kann es sein, dass sich der Mensch dann in den letzten Jahrhunderten so weit von ihr entfernt hat, dass viele mittlerweile die beiden Einheiten sogar getrennt voneinander sehen oder gar wahrnehmen?

Ich selbst habe mir vor einigen Jahren noch keine Gedanken darüber gemacht, welches Ausmaß diese Trennung in den letzten Jahrzehnten angenommen hat. Doch als ich mich zunehmend mit Themen wie Veganismus, Umwelt, Nachhaltigkeit, pflanzliche Medizin und schließlich Gesundheit auseinandergesetzt habe, wurde ich immer neugieriger auf jene **Art von Ernährung und Medizin,** welche schon seit Jahrtausenden erfolgreich angewendet und heute auch noch 1:1 weitergeführt wird. Ich habe dann im Zuge meiner Recherchen beschlossen, dieses Wissen auszudehnen, und fing während der Coronapandemie an, **„Holistic Nutrition"** zu studieren. Was ich dort gelernt habe, hat mein Bewusstsein für den Menschen als Naturlebewesen und als Einheit unvorstellbar bereichert. Mit der Darstellung der 5-Elemente-Lehre und meinen Rezepten möchte ich dir einen kleinen Einblick geben, was mein Leben und mein Verständnis für Gesundheit so geprägt hat.

Longevity CULTURES

Zu Beginn möchte ich auf die **„Longevity Cultures"** eingehen. Zu diesen Kulturen zählen Menschen, die in den unterschiedlichsten Regionen der Welt leben und deutlich älter als der Rest der Weltbevölkerung werden. Diese Menschen leben überall auf der Welt: Japan, Griechenland oder in den Bergen Sardiniens.

Um ein so hohes Alter zu erreichen (teilweise werden die Menschen bis zu 110 Jahre alt!), spielt auch die Ernährung eine wichtige Rolle. Die Einwohner*innen essen aufgrund ihrer Umgebung natürlich unterschiedliche Dinge – angepasst an **Wetter- und Erntebedingungen.** Eines jedoch haben sie alle gemeinsam: Sie ernähren sich ausschließlich lokal und saisonal. Das bedeutet, es gibt nur Lebensmittel, die zur jeweiligen Jahreszeit an dem Herkunftsort wachsen und gedeihen. Überwiegend ernähren sich die Einwohner*innen vegetarisch. Vor allem Hülsenfrüchte, Bohnen, Getreide, Wurzeln und Salate kommen auf den Tisch. Aus einfachen und günstigen Zutaten werden leckere Gerichte gezaubert. Niemals haben diese Gruppen Produkte gegessen, die sie nicht aus der Natur kennen. Man kann daraus schließen, dass es wirklich einen Unterschied macht, wo unser Essen herkommt und wie wir uns ernähren. Wenn wir die Prinzipien auf unseren **eigenen Kulturkreis** anpassen, kann es nachhaltig zu einem langen und gesünderen Leben beitragen.

DIE HOLISTISCHE WEISE *der östlichen Kulturen*

Der Begriff **„holos"** kommt aus dem Griechischen und heißt „ganz". „Holistisch" bedeutet demzufolge **„ganzheitlich"**. Die ganzheitliche Gesundheit betrachtet Körper, Geist und Seele als Einheit. Diese Art von Lebensweise findet zu 100 Prozent im Einklang mit der Natur und Umwelt, den Tieren, den Jahreszeiten und den spezifischen menschlichen Konstitutionen statt.

Ganzheitliche Medizin bedeutet, die Person als Ganzes zu sehen und eben nicht nur die Symptomlinderung für bestimmte temporäre oder chronische Leiden zu beobachten. In der klassischen Medizin im Westen wird aufgrund eines technischen und wissenschaftlichen Prozesses vor allem die körperliche Ebene einer Krankheit berücksichtigt. In der **Traditionellen Chinesischen Medizin** (TCM) sowie im **Ayurveda** (der indischen Medizinlehre) wiederum gilt es, in erster Linie nicht einen Kranken gesund zu machen, sondern einen gesunden Menschen gesund zu erhalten! Aus dem Osten haben wir eine integrative, intuitive und logische Denkweise gewonnen, die auf den rationalen Konzepten von Yin und Yang basiert.

YIN *und* YANG

Das Symbol **„Yin und Yang"** hast du bestimmt bereits einmal gesehen und vielleicht hast du auch gehört, dass Yin für das Weibliche und Yang für das Männliche steht. Damit ist das Konzept eigentlich schon ganz gut erklärt, denn Yin und Yang stehen für Gegensätze. Die zwei Kräfte stellen die Extreme bzw. Polaritäten dar – wie heiß und kalt, dunkel und hell, oben und unten. Auf ihnen basiert jeder Aspekt des Lebens und der Energieflüsse auf dieser Welt, wobei das eine auch immer ein wenig des anderen beinhaltet. Alles, was zwischen diesen beiden Extremen stattfindet, ist Leben. In der TCM wird alles auf der Welt, wie Lebewesen, Materie, Situationen, Gefühle, Nahrungsmittel, Farben, Organe, Jahreszeiten, als eher Yin oder eher Yang klassifiziert. Die Herstellung und Einhaltung des Gleichgewichts zwischen den gegensätzlichen Polen Yin und Yang ist zentrales Ziel der TCM.

Yin steht beispielsweise für Kälte, Wasser, Fülle, sich nach innen und unten bewegende Energie, Frieden, Dunkelheit, Mond, Weiblichkeit, Langsamkeit, Kompaktheit … **Yang** verkörpert Hitze, Trockenheit, Leere, nach außen strebende und expandierende Energie, Aggressivität, Sonne, Männlichkeit, Schnelligkeit, Helligkeit, Größe …

Das Leben ist daher ein ständiges Balancieren dieser beiden Faktoren. Nur wenn das Gleichgewicht existiert, ist Gesundheit gewährleistet. Und da jede Person, jedes Nahrungsmittel und jede Jahreszeit ihren spezifischen Yin- oder Yang-Aspekt hat, ist vor allem die persönliche Konstitution ausschlaggebend, wenn es um die individuelle Gesundheit geht. Dieses Prinzip wird durch die 5-Elemente-Theorie veranschaulicht.

DIE 5 ELEMENTE *und wie du sie nutzen kannst*

Die menschlichen Körperfunktionen werden durch eine Vielzahl innerer und äußerer Faktoren beeinflusst, wie z.B. Essen, Trinken, Bewegung, Emotionen und Stress. Anstatt einzelne Organe herauszugreifen, werden hier ganze Organsysteme berücksichtigt. Jede traditionelle und ganzheitliche Medizin legt großen Wert darauf, dass das gesamte **System im Gleichgewicht** ist; daher wird die Harmonie zwischen Körper, Geist und Seele als Grundlage für die dauerhafte Gesundheit des Menschen angesehen.

Die Natur durchläuft einen ständigen Prozess der Veränderung, z.B. durch den Kreislauf der Jahreszeiten oder die Mondphasen. Bereits in grauer Vorzeit wussten die Menschen instinktiv, dass die Natur in ihrem Inneren denselben jahreszeitlichen Mustern und Zyklen folgt, die auch in der äußeren Welt existieren. Aus diesem Wissen entstand die Denkweise, dass wir die Jahreszeiten sind – wir sind die Elemente. Die Natur ist in jedem Moment außerhalb und innerhalb von uns. Wir sind eine Replik des Universums, das im natürlichen und unendlichen Kreislauf des Lebens von Jahreszeit zu Jahreszeit weitergeht.

Die **5-Elemente-Lehre** basiert auf dem wechselweisen Zusammenspiel der fünf Elemente Holz, Feuer, Erde, Metall und Wasser. Jedem Element werden bestimmte Eigenschaften wie Organe, Jahreszeiten, Farben, Geschmäcker, klimatische Faktoren, Emotionen, Lebensmittel etc. zugeteilt. Die Elemente bilden einen Kreislauf, in dem sie sich nähren und einander bedingen. Jede Nahrung, die wir zu uns nehmen, tendiert entweder mehr zu Yin oder mehr zu Yang. Um im allgemeinen Gleichgewicht zu bleiben, ist es sinnvoll, die Jahreszeiten und die damit verbundenen Elemente und Organe ganzheitlich zu betrachten.

Im Winter beispielsweise solltest du Gemüse kochen und wärmende Gerichte zu dir nehmen, um dich zu erden. Kidneybohnen können die Nieren (engl. kidneys) in ihrer Funktion unterstützen. In der TCM nennt man dieses „offensichtliche" Prinzip die Signaturenlehre (engl. Doctrine of Signatures). Das bedeutet, die Natur zeigt uns, was uns guttut. Merkmale sind z.B. Form, Farbe, Geruch, Geschmack etc. Demnach sind Walnüsse und Blumenkohl aufgrund ihrer Form gut für das Gehirn, Mandeln für die Augen und Mangold mit seinen großen faserigen Adern gut für die Lunge. Der Fisch ist ein horizontales Lebewesen und kann dabei helfen, mehr Bewegung in deinen Körper zu bringen. Wurzelgemüse und Schattengewächse erden uns, da sie während ihrer langen Reifephase viele Nährstoffe aus dem Boden aufgenommen haben. Nach der TCM-Lehre hat jedes Lebensmittel seine eigene Energie und seinen eigenen Charakter, die es auf uns überträgt, wenn wir es zu uns nehmen.

Um deine Ernährung nach der Traditionellen Chinesischen Medizin auszurichten, musst du deinen Körper sehr genau kennen, um wahrzunehmen, was er gerade braucht. Mit ein paar Beispielen möchte ich dir das noch verdeutlichen.

FEUER
Sommer | Heißes Wetter
Herz, Dünndarm | Bitter
⊕ Freude, Glück
⊖ Psychische Probleme
kühlend; Beispiele | Wassermelone,
Beeren, Tomaten, Paprika, Avocado,
Minze, Gurke, Blattgemüse, Joghurt,
Spargel, Chicorée, Rettich, Endivien,
Fisch, Kokosnuss, Linsen, Hirse,
Mango, Kirschen, Mais, Miso, Algen

ERDE
Spätsommer | Feuchtigkeit
Milz, Magen | Süß
⊕ Empathie, Mitgefühl
⊖ Selbstmitleid, Angst
Suppen, Eintöpfe, Brühen erden;
Beispiele | Kürbis, rote Paprika,
Bananen, Orangen, Wurzelgemüse,
Getreide, Kartoffeln

HOLZ
Frühling | Windiges Wetter
Leber, Gallenblase | Sauer
⊕ Humor, Geduld
⊖ Wut, Frustration
Beispiele | Rüben, grünes Blattge-
müse, grüne Äpfel, eingelegtes
Gemüse, Sprossen, Beeren, Kohl,
Linsen, Rettich, Miso, grüne Algen

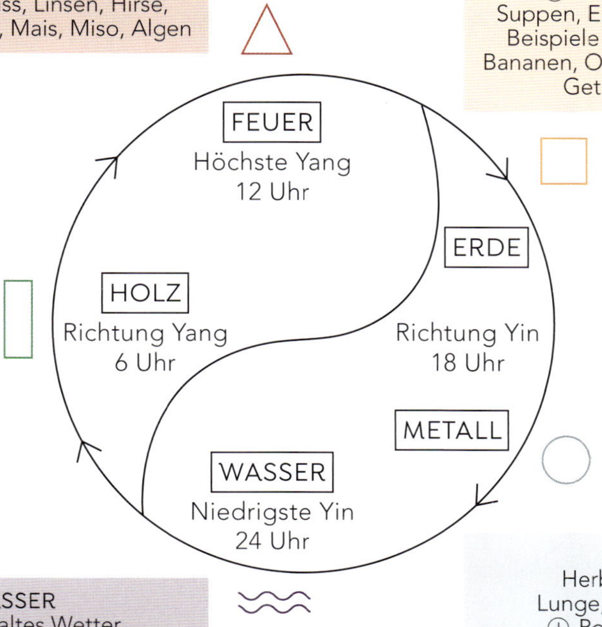

FEUER
Höchste Yang
12 Uhr

ERDE
Richtung Yin
18 Uhr

HOLZ
Richtung Yang
6 Uhr

WASSER
Niedrigste Yin
24 Uhr

METALL

WASSER
Winter | Kaltes Wetter
Nieren, Blase | Salzig
⊕ Willenskraft, Abenteuerlust
⊖ Angst
Beispiele | schwarze Bohnen, Kidney-
bohnen, eingelegtes Gemüse,
Aubergine, Wurzelgemüse, Avocado,
Kartoffeln, schwarze Algen, Walnüsse

METALL
Herbst | Trockenheit
Lunge, Dickdarm | Scharf
⊕ Positive Einstellung
⊖ Depression
probictische Lebensmittel;
Beispiele | Miso, weiße Bohnen,
Pilze, Rettich

Wenn du eine Person bist, die z. B. eher blass, generell etwas schmaler und in kalten Jahreszeiten auch schwächer ist, dann entspricht das einem klassischen Yin-Ungleichgewicht. Es wäre für dich wahrscheinlich ratsam, deine Nieren, das Organ des Winters, zu stärken. Dafür solltest du warme gebackene Gerichte essen und dunkle, lang gereifte Lebensmittel zu dir nehmen. Diese erden dich und geben dir ein Gefühl von Fülle. Verzichte eher auf zu viel Obst, rohes Essen und Eiscreme, denn das schwächt generell den Magen-Darm-Trakt. Wenn du im Sommer schnell mal einen roten Kopf bekommst, und ständig schwitzt, leicht ein wenig aggressiv und nervös wirst sowie eine eher vollere, stämmige Konstitution hast, handelt es sich um ein klassisches Yang-Ungleichgewicht. Es wäre ratsam, wenn du auf Fleisch und Alkohol verzichtest und mehr rohes und kühlendes Essen zu dir nimmst, wie z. B. Minze, Salate, Obst und Algen. Generell kannst du dein Herz mit roten sowie bitteren Lebensmitteln stärken.

Bedenke, dass ich dir hier nur einen kleinen Teil eines komplexen Themas vorstellen kann. Außerdem ist jeder einzelne Mensch sehr individuell in seiner Veranlagung und Verfassung. Es gibt nicht „den einen" richtigen und gesunden Weg für alle. Falls du dich näher mit östlichen Theorien rund um Pflanzen, Medizin, Nahrung und Natur beschäftigen möchtest, kann ich dir einige Bücher an die Hand geben (siehe S. 159).

CUCINA ITALIANA VEGANA

Italien ist mein Herzensland – so könnte man es, glaube ich, beschreiben. Natürlich war ich dort zunächst einmal die „Deutsche" und habe mich deshalb auch die ersten Jahre (ohne Italienisch zu können) nicht ganz zugehörig gefühlt. Ich war aber noch sehr jung, gerade einmal fünf Jahre alt, als wir dort hinzogen, was natürlich dabei geholfen hat, die Sprache schnell zu verinnerlichen und die Kultur als Teil von mir anzunehmen.

Meine Mutter konnte, seit ich denken kann, fabelhaft italienisch kochen. Sie hat 20 Jahre in Rom gelebt, und als wir gemeinsam in Venedig wohnten, war sie mit einem Italiener verheiratet. Es gab viele klassische Gerichte. Aber als „deutsche Mama" hat sie auch immer darauf geachtet, Teile unserer Kultur zumindest in unserer Ernährung zu integrieren. Demnach war ihr Essen ausgewogen – es wurde zwar nicht auf leckeres Comfort Food verzichtet, aber ebenfalls auf Gesundheit geachtet. Sie hat es immer geschafft, mit den wunderbaren italienischen Produkten alle möglichen leckeren Dinge in der Küche zu zaubern. Ich glaube, ein großer Teil meiner Leidenschaft zum Essen und Kochen kommt aus dieser Zeit. Ihrem damaligen Mann war es sehr wichtig, dass ich lernte, gesunde Produkte wertzuschätzen und zu verstehen, welche Tischsitten und Rituale zur Esskultur dazugehören.

WIE GEHT VEGAN *auf Italienisch?*

Du wirst jetzt denken, die italienische Küche lebt von Fleisch, Wurst und Käse. Damit hast du nicht ganz unrecht. Wie kann eine vegane Küche da möglich sein?

Ganz einfach – die italienische Küche ist reich an *verdure* (Gemüse), *erbe* (Kräutern), *legumi* (Hülsenfrüchten), *noci* (Nüssen) und *semi* (Samen). Diese Zutaten sind geschmacklich abwechslungsreich, nahrhaft und allesamt rein pflanzlich. Außerdem gibt es viele Gerichte, welche in ihrem Ursprung bereits vegan sind, natürlich *pasta al pomodoro*, das sind Nudeln mit Tomatensauce – aus frischen Tomaten mit Oregano und Knoblauch. Meine Lieblingsnudeln waren schon damals immer *spaghetti aglio olio e peperoncino*. Auch die klassischen Spaghetti mit vielen Kräutern und heißem Olivenöl waren bei uns ein gängiges Abendessen.

Für dieses Buch habe ich dir meine liebsten italienischen Gerichte aufgeschrieben (siehe ab Seite 101). Einige sind so abgewandelt, dass sie vegan sind. Ich habe dabei aber nicht auf spezielle Ersatzprodukte gesetzt, sondern alle Rezepte mit dem gewissen Elena-Twist versehen. In diesem Sinne: *buon appetito!*

LONGEVITY CULTURE *auf Sardinien*

In Italien lebt eine der bereits angesprochenen „Longevity Cultures" (siehe Seite 28) – genauer gesagt auf Sardinien. In diesen Dörfern wird nach wie vor auf eine ursprüngliche Ernährungsweise zurückgegriffen. Trotz Industrialisierung stehen hier traditionelle Lebensmittel und Gerichte auf dem Speiseplan. Einer der Gründe, weswegen diese Menschen so unglaublich alt werden, sind die regionalen und saisonalen Produkte. Es werden ausschließlich Hülsenfrüchte, Obst, Gemüse, reichlich pflanzliche Fette und zum Teil etwas Fisch und Eier aus der Region konsumiert. Etwa 80 Prozent sind pflanzliche Produkte und der Rest der tierischen Produkte kommt nur in Maßen auf den Tisch. Und wenn Fleisch verzehrt wird, dann NUR aus ökologisch nachhaltiger Zucht! Bewegung ist natürlich auch ein maßgeblicher Faktor, der zur Gesundheit beiträgt. Die Italiener*innen lieben ihre langen Spaziergänge nach dem Essen und laufen in den Dörfern bzw. auf dem Land längere Strecken zu Fuß.

LEIDENSCHAFT *und amore*

Wenn es um die italienische Küche geht, heißt das Stichwort **amore** (Liebe). Denn italienische Küche bedeutet **sinnlicher Genuss.** In Italien wird das Essen nicht als reine Nahrungsaufnahme betrachtet, sondern dient dem Genuss, der Entspannung und der Pflege sozialer Kontakte. Außerdem nimmt man sich viel Zeit zum Essen. Deshalb wird auch nicht mal schnell zwischen Tür und Angel gekocht und auf keinen Fall im Gehen oder in Eile gegessen. In Italien kocht man mit Leidenschaft und Liebe. Das Mittagessen dauert gern mal zwei, drei Stunden. Und am Abend

Wenn es um die italienische Küche geht, heißt das Stichwort amore.

und besonders an Sonn- und Feiertagen nimmt man sich Zeit mit der Familie und Freund*innen. Es wird ausgiebig gemeinsam gekocht, geschlemmt und *vino rosso* getrunken – und das über Stunden. Und alles, was irgendwie mit Kochen und Essen zu tun hat, ist eigentlich dauerhaft Gesprächsthema Nummer eins.

Kulinarischer SPAZIERGANG

Die italienische Küche gehört traditionell den Frauen. Die kochbegeisterte **nonna** (Großmutter) oder **la mamma** kocht nach überlieferten Rezepten – immer mit viel Liebe und Hingabe und meist mit einfachen, aber hochwertigen Zutaten. Um diese zu besorgen, gehen Italiener*innen auf den Markt. Nach dem Motto: je frischer, desto besser. Mit allen Sinnen werden Tomaten, Auberginen, Pfirsiche & Co. geprüft – nur die besten Produkte werden gekauft.

Natürlich wird nicht alles auf dem Markt eingekauft. Auch in Italien gibt es Supermärkte und Discounter, selbst in kleinen Städten und Dörfern. Leider immer stärker sichtbar sind auch dort moderne Einflüsse und viele Regale sind voll mit Convenience-Produkten, wie Dosensuppen und Fertiggerichten.

Auch wenn Pizza und Spaghetti wahrscheinlich die bekanntesten Vertreter der italienischen Küche sind, so hat das Land doch eine uralte und lange Tradition mit deutlichen regionalen Unterschieden. Eines haben die Gerichte gemeinsam: Elementare Zutaten der italienischen Küche werden großzügig eingesetzt, und genau das macht die Gerichte so schmackhaft und unvergleichlich. Deshalb möchte ich dir hier ein paar wichtige Grundzutaten vorstellen:

OLIO DI OLIVA (OLIVENÖL)

Olivenöl, das flüssige Gold! Ich liebe den Geruch und den Geschmack. Je nach Gewinnung und Herkunft hat es andere geschmackliche Nuancen. Und jede *mamma* schwört auf ihr Olivenöl. Wichtig dabei ist die Kennzeichnung „extra nativ" oder „extra vergine", so kannst du dir auch sicher sein, dass es ein hochwertiges kalt gepresstes Olivenöl ist.

ACETO BALSAMICO (BALSAMICOESSIG)

Aceto balsamico, der dunkelbraune Essig mit der dickflüssigen Konsistenz und dem fruchtigen, süßsauren Geschmack, ist ein wahres Geschmackswunder. Er sorgt für das typisch italienische Aroma und ist in meiner Küche ein Must-have. Bei der Produktion von echtem Aceto balsamico wird auf künstliche Zusätze verzichtet und er reift über mehrere Jahre in Holzfässern – entsprechend teuer ist Aceto balsamico tradizionale.

Günstiger Aceto balsamico, der im industriellen Schnellverfahren hergestellt wurde, muss nicht unbedingt schlecht sein. Wenn du dir unsicher bist, dann verkoste verschiedene Sorten.

ERBE (KRÄUTER)

Bei Kräutern wie **Basilikum, Thymian** und **Rosmarin** solltest du, wenn möglich, die frischen den getrockneten vorziehen. Du kannst sie leicht in Töpfen auf der Fensterbank oder dem Balkon ziehen. Sie geben Gerichten ein unvergleichliches Aroma.

Daneben ist **schwarzer Pfeffer,** frisch gemahlen aus der Mühle, ein wichtiges Gewürz, das jedes Gericht abrundet.

POMODORI (TOMATEN)

Was wäre die italienische Küche ohne **Tomaten.**
Der Goldapfel ist der Italo-Klassiker schlechthin.
In Italien kommen Tomaten fast jeden Tag in ir-
gendeiner Form auf den Tisch: im Salat, getrocknet in den Antipasti, als Zutat in der Nudelsau-
ce, gefüllt, gegrillt oder zu Suppe verarbeitet.
Bei uns ist die Zeit für sonnengereifte Tomaten
nur sehr kurz, daher empfehle ich dir, außerhalb
der Saison zu Dosentomaten zu greifen. Die
allerbesten kommen eben aus Italien! Neben
geschälten Tomaten *(pelati)* gibt es Tomaten-
stücke *(polpa di pomodoro)*, passierte Tomaten
(passata di pomodoro) und Tomatenmark bzw.
-konzentrat *(concentrato di pomodoro)*.

VINO ROSSO (ROTWEIN)

Ach ja, der gute *vino rosso*. Ich muss zugeben, ich habe selbst erst letztes Jahr
angefangen, ab und zu mal ein Gläschen zu trinken, da ich davor nie in meinem
Leben Alkohol getrunken habe. Ich hatte einfach nie das Interesse oder Bedürfnis,
und das fand ich auch sehr gut. Dennoch habe ich mich dann irgendwann dazu entschieden, NUR Rotwein mal auszuprobieren, und ich muss sagen: Es ist schon eine
geschmackliche Offenbarung! Es muss natürlich hochwertiger trockener Rotwein
sein und ich genieße ihn ganz selten mal in Kombination mit einem schönen Abendessen mit Freunden – Pizza und Pasta passen herrlich dazu!

Was die Gesundheit betrifft, habe ich mich lange damit auseinandergesetzt, wie viel
und ob es überhaupt vertretbar ist. Ich bin nämlich nach wie vor keine Befürworte-
rin des Alkohols. Ich habe gelernt, dass Wein ein fermentiertes Lebensmittel ist –
was ja wiederum sehr gesund für die Darmbakterien ist. Auch hier geht es natürlich
um die Menge. Es ist vollkommen okay, ab und an ein bis zwei Gläser zu trinken,
aber es sollte keine Gewohnheit werden. Deshalb behandle ich es als Ausnahme in
besonderen Situationen.

Alkohol ist generell ein **„Yang"-Lebensmittel,** das heißt, es ist wärmend, hat eine
expansive Energie, es ist laut und aggressiv. Um deine persönliche Balance zu halten, wäre es empfehlenswert, Alkohol nicht in Kombination mit tierischen Produkten
wie z.B. Fleisch, an heißen Sommertagen (beides ebenfalls „Yang"-Energien) oder
an stressigen und intensiven Lebenssituationen zu konsumieren.

BASICS IN MEINEM VORRATSSCHRANK

Wenn man seine Ernährung auf vegan umstellt, fallen unglaublich viele Lebensmittel weg. Das kann einem anfangs das Gefühl geben, dass fast nichts mehr übrig bleibt. Viele glauben, dass es super kompliziert sei, vegan zu essen, weil man dafür ausgefallene und teure Nahrungsmittel braucht.

Deshalb habe ich dir hier alle meine Vorratslieblinge zusammengestellt, und du wirst sehen, dass sich darin ganz normale Lebensmittel befinden. Ich gebe zu, die Liste ist etwas umfangreich geworden. Nicht, dass ich selbst immer alles vorrätig habe, aber mit den Basics bist du optimal ausgestattet! Mein gefüllter Vorratsschrank hält auch immer ein leckeres Gericht bereit, besonders wenn spontan Freunde zu Besuch kommen und man keine Zeit zum Einkaufen hatte. Für den Start kannst du aber auch nach Bedarf kaufen.

LIFE HACK

WO VEGAN EINKAUFEN?

Keine Sorge, als Veganer*in kannst du weiterhin im Discounter und in ganz normalen Supermärkten einkaufen. Außerdem haben die meisten Drogerien mittlerweile ein gutes Sortiment an pflanzlichen und Bio-Produkten. Frische, regionale Lebensmittel bekommst du auch auf dem Wochenmarkt, und wenn es doch mal etwas Exotisches sein soll, kannst für einen Abstecher ins Reformhaus oder den Bio-Laden machen.

ÖLE

In der veganen Küche wird nur **pflanzliches Fett** verwendet, eine gute Qualität ist deshalb besonders wichtig. Denn Öle enthalten Omega-Fettsäuren und verschiedene Nährstoffe, die für die Gesundheit viele Vorteile bieten. Kalt gepresste, native Speiseöle werden durch rein mechanisches Pressen gewonnen. Durch das schonende Verfahren bleiben Vitamine erhalten. Raffinierte Speiseöle dagegen werden durch einen intensiven Vorgang gewonnen, durch die sogenannte Raffination gehen jedoch viele Vitamine und Aromastoffe verloren.

Zum Braten verwende ich Kokosöl oder natives Olivenöl. Letzteres kannst du bis zu Temperaturen von 180 °C erhitzen. Nur: Rauchen sollte es nicht! Für asiatische Gerichte eignet sich auch geröstetes Sesamöl.

Kalt gepresste Öle sind besonders reich an ungesättigten Fettsäuren und reagieren äußert empfindlich. Daher werden sie in kleinen Flaschen angeboten und sollten – einmal geöffnet – im Kühlschrank aufbewahrt werden. Diese Öle verfeinern Salat und kalte Speisen:

- Leinöl, der Liebling in meiner Chia-Bowl!
- Weizenkeimöl
- Walnussöl
- Avocadoöl

ESSIGE

Essig sorgt für die notwendige Würze im Essen. Mit den Standardsorten Apfelessig (naturtrüb), Weißweinessig und Aceto balsamico (siehe Seite 34) bist du bestens ausgestattet und sorgst für Abwechslung im Speiseplan.

Reisessig wird aus vergorenem Reiswein gewonnen und es gibt ihn in hell oder dunkel. Einfach nach Geschmack auswählen. Dunkler ist gereifter und damit aromatischer als heller. Als Ersatz kannst du Apfelessig verwenden.

HÜLSENFRÜCHTE

Hülsenfrüchte wie **Bohnen, Linsen und Kichererbsen** sind reich an wertvollem pflanzlichem Eiweiß und daher eine meiner ultimativen Basics in der veganen Küche. Ob in Eintöpfen, Aufläufen oder als Hummus (süß oder salzig), Hülsenfrüchte sind einfach ein Allroundtalent. Aus dem Glas oder getrocknet – beides geht. Getrocknete Hülsenfrüchte müssen 8–12 Stunden in kaltem Wasser eingeweicht werden, damit sie schneller und gleichmäßiger garen. Außerdem wird beim Einweichen ein Teil der Substanzen gelöst, die Blähungen verursachen.

MORE ESSENTIALS

Azukibohnen haben ein süßlich-nussiges Aroma und eine relativ feste Konsistenz, perfekt für Salat, Suppen oder Eintöpfe. Püriert ein Highlight für süße Dips.

Kichererbsenmehl ist glutenfrei und macht sich gut als Ei-Ersatz oder als Omelett sowie in Quiches!

Mungobohnen sind besser verträglich als andere Hülsenfrüchte. Es gibt sie als grüne ganze Bohnen oder als geschälte halbierte Mungobohnen, dann sind sie hellgelb. Perfekt für Salate, Suppen oder Eintöpfe!

GLAS VERSUS DOSE

Konserven haben die längste Haltbarkeit aller verpackter Lebens-mittel. Damit die Dosen allerdings vor Korrosion geschützt sind, wird die innere Oberfläche ganz oder teilweise versie-gelt. Die Innenbeschichtung enthält meist Bisphenol A (BPA), das zwar nicht sehr giftig ist, aber der Substanz wird eine hor-monähnliche Wirkung nachgesagt. Die Europäische Behörde für Lebensmittelsicherheit (EFSA) hat einen Grenzwert von 0,05 Milligramm BPA pro Kilogramm Lebensmittel festgelegt. Ich verwende daher, wenn möglich, Gläser.

NÜSSE, SAMEN & TROCKENFRÜCHTE

Nüsse sind ein Muss! Leg dir einen großen Vorrat an Wal-, Pekan-, Para- und Erd-nüssen sowie Cashewkernen, Mandeln und Pinienkernen an. Nüsse sind reich an extrem hochwertigen Ballaststoffen, Proteinen UND Fetten, die der Körper braucht und auch sehr gut verarbeiten kann. Ungeschälte Nüsse sollten kühl, dunkel, tro-cken und luftdicht verpackt gelagert werden.

Samen sind ebenfalls absolut essenziell in meiner Küche! Es gibt kaum bessere pflanzliche Proteinlieferanten für den Körper als Hanf-, Chia- und Leinsamen, Sonnen-blumen- und Kürbiskerne sowie weißer/schwarzer Sesam. Chia-Samen fördern die Verdauung und enthalten Omega-3-Fettsäuren, genau wie Leinsamen. Nüsse und Samen sorgen zudem für den gewissen Crunch auf süßen und salzigen Gerichten.

Kokosraspel (ohne Zusätze von Fett und Zucker, nach Belieben geröstet) sorgen für das gewisse Etwas.

Trockenfrüchte haben einen hohen natürlichen Zuckeranteil, der für natürliche Süße im Gebäck sorgt. Außerdem sind sie eine gute Basis von rohen Köstlichkei-ten. Als Snack zwischendurch perfekt, zum Backen und als Topping für dein Früh-stück – aber auch in salzigen Gerichten wie Salaten oder Gemüsepfannen geben Trockenfrüchte und speziell Datteln diesen *sweet touch*, den ich absolut liebe! *My faves:* Aprikosen, Datteln (z. B. Medjool, Deglet Nour), Soft-Pflaumen, Goji-Beeren, weiße Maulbeeren, Rosinen, Cranberrys oder Feigen.

NUSSMUS

Verfeinert nicht nur Sweets & Cakes, sondern ist auch als Topping für Bowls, Pfan-nengerichte und cremiges Ofengemüse ideal als *extra flavor*. Darauf achten, dass es 100 Prozent Nüsse enthält (bestenfalls noch eine Prise Salz) und keine anderen Öle oder Zusatzstoffe. Meine liebsten Varianten sind Erdnuss-, weißes Mandel-, Cashew-(speziell für Porridge oder Joghurt-Bowls), Kokos- und Sesammus (Tahin).

GETREIDE, MEHL UND BACKZUTATEN

NUDELN (PASTA)

Muss ich eigentlich nicht viel dazu sagen, oder?! Pasta ist schließlich mein Liebling – außerdem eignen sich Nudeln perfekt als Vorrat, da sie super lange haltbar und leicht zu lagern sind. Insbesondere italienische Nudeln sind traditionellerweise eifrei, im Zweifel einfach die Zutatenliste kontrollieren. Am besten besorgst du sie dir in der Vollkornvariante. Wenn du die nicht so gern magst, probiere auch mal Dinkelnudeln. Gerne nehme ich verschiedenene Pastasorten zu verschiedenen Gerichten, z. B. Penne, Fusilli und Spaghetti.

Super Alternativen zu Produkten aus Weizenmehl oder Hartweizengrieß sind Nudeln aus Hülsenfrüchten. Hier gibt es mittlerweile eine riesige Auswahl: Linsen, Erbsen, Kichererbsen … *More faves:* Mais-, Reis-, Quinoa-, Glas- und Sobanudeln (aus Buchweizen).

REIS

Reis ist definitiv ein weiteres Grundnahrungsmittel. Auch hier bieten sich verschiedene Sorten an:

- **Vollkornreis** ist naturbelassen und hat einen höheren Gehalt an Nährstoffen.

- **Basmatireis** für Bowls und Eintöpfe

- **Jasminreis** für asiatische Gerichte

GETREIDE, MEHL UND BACKZUTATEN

Super vielseitig und sehr gesund sind auch andere Getreidesorten:

- **Haferflocken** sind für meinen täglichen Porridge, Overnight Oats oder zum Backen von vielen Leckereien unverzichtbar.

- **Pseudogetreide** wie Amarant (normal & gepufft), Quinoa und Buchweizen sind für alle Menschen mit Glutenunverträglichkeit besonders geeignet.

- **Dinkelvollkornmehl** ist meine erste Wahl fürs Backen.

- **Hafermehl** verwende ich oft auch für cremigere Porridges, Bananenbrot sowie Kekse, Muffins, Quicheböden – kannst du easy selbst herstellen, indem du Haferflocken mahlst.

- **Maismehl** ist glutenfrei und im Vergleich zur Polenta (Maisgrieß) ist das Mehl feiner gemahlen. Ich verwende es für bestimmte glutenfreie salzige Gebäcke und Böden.

- **Kichererbsenmehl** eignet sich super für Quiches und tatsächlich auch zum Haarewaschen! Ich weiß, klingt komisch – aber wer vom herkömmlichen Shampoo wegwill, da es für viele Haarstrukturen schädlich ist, greift hierauf zurück und wird sofort die Effizienz dieser Alternative spüren!

- **Reismehl** ist meine erste Wahl, wenn es um glutenfreies Backen geht.

- **Kokosmehl** ist besonders ballaststoff- und proteinreich und eignet sich prima zum Backen.

- **Weinstein-Backpulver**

- **Natron**

- **Agar-Agar** als Gelatinealternative

SÜSSUNGSMITTEL

Ich süße sehr reduziert und vermeide Haushaltszucker. Zum Glück gibt es tolle Alternativen:

- **Ahornsirup** (Grad B) hat eine dunklere Farbe und einen kräftigen Geschmack.

- **Dattelsirup** oder -zucker

- **Kokosblütenzucker**

- **Melasse** – dunkelbrauner Zuckersirup aus Zuckerrohr oder Zuckerrüben

- **Reissirup**

- **Roher Honig** – yes, normalerweise verzichten Veganer*innen auf Honig. Ich schätze die wertvollen Inhaltsstoffe und liebe den Geschmack. Daher verwende ich bewusst Honig aus meiner Region.

Roher Honig ist reiner, nicht verarbeiteter Honig, der weder gefiltert noch erhitzt wurde. Er wird lediglich gesiebt, um grobe Partikel wie Wachs, abgestorbene Bienen oder Verunreinigungen zu entfernen. Am einfachsten erkennst du rohen Honig an dem Gütesiegel „Echter Deutscher Honig". Am besten kaufst du Honig regional und in Bio-Qualität. Damit unterstützt du eine artgerechte Bienenhaltung, lokale Imker und vermeidest lange Transportwege. Denn ein Großteil des Honigs kommt normalerweise aus dem Ausland.

PFLANZENDRINK, -SAHNE UND -JOGHURT

- **Ungekühlte Pflanzendrinks und Joghurtalternativen** sind lange haltbar und gehören in jeden veganen Vorratsschrank. Egal ob Hafer-, Reis- oder Mandeldrink (letzteren mache ich auch selbst, siehe unten). Ganz wichtig ist auch hier: NUR ungesüßt und ohne unnötige Zusätze.

- **Pflanzliche Sahnealternative,** z. B. Soja, Hafer

- **Pflanzliche Joghurtalternative,** z. B. Kokos oder Mandel

Self-made MANDELDRINK

Mandeldrink selbst zumachen ist super easy und zudem ohne Verpackungsmüll zu produzieren. Dazu 250 g Mandeln in eine Schüssel geben, sie mit Wasser bedecken und 12 Stunden, am besten über Nacht, einweichen lassen.

Am nächsten Tag das Wasser abgießen und abtropfen lassen. Die Mandeln mit 500 ml frischem Wasser und 1 Prise Salz in einen Mixer geben und sehr fein pürieren. Die Mischung in einen Nussmilchbeutel (oder ein Leinentuch) geben und die Flüssigkeit in einen Behälter laufen lassen. Alles gut auspressen, sodass die gesamte Flüssigkeit austritt. Die Mandelreste anderweitig verwenden (siehe Tipp). Den Mandeldrink in eine gereinigte Flasche füllen und im Kühlschrank aufbewahren. Der Drink bleibt so 2–3 Tage frisch.

MEIN TIPP

- Die Mandelreste kannst du z. B. wie Mandelmehl zum Backen verwenden oder einfach übers Müsli streuen.

- Den fertigen Drink kannst du mit Vanilleextrakt oder etwas geriebener Tonkabohne verfeinern.

GEWÜRZE & WÜRZMITTEL

GEWÜRZE

Hefeflocken – mein absolutes MUST fürs Kochen! Ob für Saucen, als nussiges Gewürz auf Salaten oder für den extra Crunch im Ofen – ich kann nicht drauf verzichten. Du kannst sie wie jedes andere Gewürz einsetzen und wegen dem käsigen Geschmack ähnlich wie Parmesan zum Servieren über ein Gericht streuen.

BASISGEWÜRZE

Nice to have: italienische Gewürz- oder Kräutermischung (z. B. *aglio, olio e peperoncino*).

- Himalaya-Salz
- schwarze Pfefferkörner
- Cayennepfeffer
- Chili (gemahlen und in Flocken)
- Currypulver
- Ingwer (gemahlen)
- getrocknete italienische Kräuter (Thymian, Oregano, Rosmarin)
- Kardamom (ganz und gemahlen)
- Koriander (ganz und gemahlen)

- Kümmel (ganz und gemahlen)
- Kurkuma
- Lorbeerblätter
- Muskatnuss
- Nelken
- Paprikapulver (süß und geräuchert)
- Vanilleextrakt
- Zimt (Stangen und gemahlen)

WÜRZMITTEL & FERMENTIERTES

- Gewürzgurken
- grüne oder schwarze Oliven
- Sojasauce (Tamari ist dickflüssiger und hat ein kräftiges Aroma. Shoyu-Sauce ist milder, süßer und hat meistens eine bessere Qualität!)
- Kapern
- Kimchi (fermentierter Kohl)
- Kokosmilch

- Miso-Paste (Gewürzpaste aus Sojabohnen)
- Seidentofu
- Senf (mittelscharf)
- sonnengetrocknete Tomaten (in Öl)
- Tempeh (fermentierte Sojabohnen)
- Tofu (geräuchert oder natur; zum Backen, als Ei-Ersatz, gebraten in der Pfanne, sehr variabel einsetzbar UND lange haltbar im Vorratsschrank!)

CRAVINGS

Ich weiß, wie schwierig die Umstellungsphase zur veganen Ernährung sein kann. Damit du nicht in Versuchung kommst, habe ich dir ein paar großartige Alternativen zusammengestellt:

- Ich habe immer ein Stück dunkle vegane Schokolade parat. Am besten mit sehr hohem Kakaogehalt und wenig Zucker. Mittlerweile gibt es auch weiße vegane Schokolade!

- Chips aus Linsen oder Erbsen. Achte darauf, dass sie ohne Geschmacksverstärker und gehärtete Fette sind.

- Datteln ins Gefrierfach legen und eiskalt genießen: mit etwas Nussbutter drauf, eine Nuss in der Mitte – so yummy!

- Waffeln aus Reis, Mais, Amarant oder Quinoa: mit etwas Konfitüre, veganem Schokoladenaufstrich oder meiner allerliebsten Kombi – Tahin und Honig!

REDUCE

Ein gut organisierter veganer Vorratsschrank erleichtert dir nicht nur den Alltag, du sparst auch Geld und wertvolle Zeit! Wenn du die wichtigsten Basics zum Kochen und Backen bereits zu Hause hast, bleibst du vom Stress des lästigen Einkaufens verschont.

Ein weiterer großer Vorteil von Vorräten ist, dass du Verpackungsmüll vermeidest. Du kannst dir die wichtigsten Lebensmittel in Großpackungen kaufen. Die sind meist sogar günstiger als kleinere Packungen.

02

TAPAS & APPETIZER

TAPAS & APPETIZER

Für den kleinen Hunger zwischendurch. Lecker, einfach und um einiges gesünder als alle herkömmlichen Cracker aus dem Supermarkt. Deine Freunde werden begeistert sein – und einfach mehr wollen!

ROSMARIN-KNÄCKEBROT
À LA INES

FÜR 2 BACKBLECHE

10 g frische Hefe (¼ Würfel)
130 g Dinkelmehl (Type 630,
alternativ glutenfreies Mehl)

130 g Haferflocken
50 g Sesam
50 g geschroteter Leinsamen
100 g Sonnenblumenkerne
1 TL Salz
1 TL getrockneter Rosmarin

Außerdem
Olivenöl für die Bleche
1 EL getrockneter Rosmarin

1 Die Hefe in 280 ml lauwarmen Wasser auflösen.

2 Die restlichen Zutaten in einer Schüssel vermengen und eine kleine Mulde formen. Das Hefewasser zufügen und alles gut vermischen. Abgedeckt 1 Stunde gehen lassen.

3 Den Backofen auf 180 °C (Umluft) vorheizen. Zwei Backbleche mit Olivenöl ausstreichen. Den Teig halbieren und auf dem Blech gleichmäßig dünn mit feuchten Händen ausstreichen. Mit Rosmarin bestreuen. Das Knäckebrot im heißen Ofen ca. 15 Minuten backen, zwischendurch kontrollieren, dass nichts anbrennt.

4 Herausnehmen und vorsichtig in Streifen oder Quadrate schneiden. Erneut 15–18 Minuten backen, bis das Knäckebrot gebräunt ist.

TAPAS & APPETIZER

— SALTY —

— SWEET —

Dieser Dip ist für mich mittlerweile aus meinem Kühlschrank nicht mehr wegzudenken. Ich esse ihn zu Kartoffelgerichten, Brot, zum Cracker-dippen ... und süß & salzig passt ja bekanntlich auch.

ZWEIERLEI HUMMUS –
SWEET & SALTY

FÜR 2 PERSONEN

Für das Grundrezept

1 Glas Kichererbsen
(220 g Abtropfgewicht)

1 Knoblauchzehe

3 EL Tahin (Sesammus)

2 EL pflanzliche Joghurtalternative

3 EL hochwertiges Olivenöl

Saft von ½ Zitrone

1 TL Salz

Pfeffer

SWEET

1–2 Datteln (Medjool, ohne Stein)

2 EL Ahornsirup

½ TL gemahlener Zimt

1 Stängel Minze

5–6 Walnusskerne

SALTY

2 Stängel Petersilie

3 EL gemischte Kerne
(z. B. Sonnenblumen-, Kürbiskerne)

1 TL Cayennepfeffer

2 TL geräuchertes Paprikapulver

1 TL gemahlener Kreuzkümmel

Salz

Pfeffer

2 EL Olivenöl

1 Für das Grundrezept die Kichererbsen abtropfen lassen. Die Knoblauchzehe schälen. Alle Zutaten in einer Küchenmaschine oder mit dem Pürierstab mixen, bis eine glatte Masse entsteht. Bei Bedarf etwas (Kichererbsen-)Wasser zufügen.

2 Für die süße Variante die Datteln klein schneiden und mit Ahornsirup und Zimt unter den Hummus rühren. Die Minze waschen, trocken schütteln und die Blätter abzupfen. Den Hummus mit Minzblättchen und Walnüssen dekoriert servieren.

3 Für die salzige Variante die Petersilie waschen, trocken schütteln, die Blättchen abzupfen und klein hacken. Ein paar Blättchen für die Deko beiseitelegen. Die Kerne in einer Pfanne ohne Fett rösten. Gehackte Petersilie, Gewürze, Salz, Pfeffer und Olivenöl unter den Hummus rühren. Mit Petersilienblättchen und gerösteten Kernen servieren.

TIPP

Der pflanzliche Joghurt ist ein absolutes Muss, denn er sorgt für die besondere Cremigkeit des Hummus.

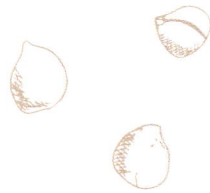

TAPAS & APPETIZER

Wer liebt sie nicht? Die kleine goldbraune Wunderknolle, die Kartoffel!
Ich könnte mich wahrscheinlich nur noch davon ernähren, das wäre vollkommen okay. Sie bietet einfach eine unfassbare Vielfalt an Zubereitungsmöglichkeiten – und diese hier ist wirklich besonders lecker. Einfach und
knackig, perfekt für eine Party!

SMASHED POTATOES – CRUNCHY OFENKARTOFFELN

FÜR 3 PERSONEN

1 kg Babykartoffeln
(z. B. belgische oder französische)

8 EL Olivenöl

1 TL Paprikapulver

1 TL Knoblauchpulver

grobes Salz

Pfeffer

5 Knoblauchzehen

1 Handvoll Petersilie

1 TL Chiliflocken

1 EL Zitronensaft

1 TL Bio-Zitronenabrieb

2 EL Hefeflocken

Außerdem

Olivenöl für die Bleche

1 Die Kartoffeln gründlich waschen, ungeschält in einen Topf geben und knapp mit Wasser bedecken. Zugedeckt bei geringer Hitze ca. 15 Minuten bissfest kochen. Kartoffeln abgießen und ausdampfen lassen.

2 Zwei Backbleche mit Olivenöl einpinseln. Den Backofen auf 180 °C (Ober-/Unterhitze) vorheizen. In einer Schüssel 5 EL Olivenöl, Paprika- und Knoblauchpulver mischen.

3 Die Kartoffeln mit etwas Abstand auf die Backbleche legen und mit einer kleinen Schüssel leicht zerquetschen. Mit Salz und Pfeffer würzen und mit der Ölmischung beträufeln. Vier Knoblauchzehen (gern ungeschält) dazwischen verteilen. Im heißen Backofen ca. 45 Minuten backen.

4 Die Petersilie waschen, trocken schütteln und klein hacken. Die übrige Knoblauchzehe schälen und fein hacken. Das restliche Olivenöl, Chiliflocken und Knoblauch in einer Pfanne erhitzen. Vom Herd nehmen und Petersilie, Zitronensaft und -abrieb zufügen.

5 Bleche herausnehmen und die Gewürz-Petersilien-Mischung über den heißen Kartoffeln verteilen. Jede Kartoffel mit Hefeflocken bestreuen und weitere 10 Minuten im Ofen backen.

6 Mit Salz und Pfeffer nochmals abschmecken und servieren.

Wer liebt Aubergine nicht, seitdem sie durch die israelische Küche nochmals so richtig ihren Hype bekommen hat? Früher konnte ich mit dem komisch aussehenden Schattengewächs nichts anfangen, heute weiß ich, wie unglaublich vielfältig UND gesund sie für unsere Nieren ist. Also immer her damit!

KARAMELLISIERTE AUBERGINE

FÜR 2 PERSONEN

2 mittelgroße Auberginen
Salz
1 EL Tapiokastärke (alternativ
Pfeilwurzelmehl oder Maisstärke)

1 rote Zwiebel
3 Knoblauchzehen
4 cm frischer Ingwer
1 Chilischote
2 EL Kokosöl
3 EL Sesamöl
3 EL Sojasauce
30 g Kokosblütenzucker
3 EL Ahornsirup
2 Frühlingszwiebeln
Pfeffer
1 Spritzer Limettensaft
2 TL Sesam

1 Die Auberginen waschen, putzen und in Würfel schneiden. In eine Schüssel geben und mit reichlich Salz bestreuen. 15 Minuten ziehen lassen. Anschließend trocken tupfen und gleichmäßig mit Stärke bestreuen.

2 Die Zwiebel, Knoblauchzehen und Ingwer schälen und fein hacken. Die Chilischote putzen, waschen und klein hacken.

3 In einer Pfanne das Kokosöl erhitzen. Zwiebel, Knoblauch und Ingwer hinzufügen und 2–3 Minuten anbraten. Die Auberginenwürfel und Chili dazugeben und etwas anrösten.

4 Sesamöl, Sojasauce, Kokosblütenzucker und Ahornsirup hinzufügen und bei mittlerer Hitze ca. 10 Minuten köcheln lassen. Zwischendurch umrühren.

5 Die Frühlingszwiebeln waschen, putzen und klein schneiden.

6 Die Aubergine mit Salz, Pfeffer und Limettensaft abschmecken. Mit Frühlingszwiebeln und Sesam bestreut servieren.

15 MINUTEN
+ 25 MINUTEN
BACKZEIT

ZUBEREITUNGSZEIT

20 MINUTEN,
+ 25 MINUTEN
BACKZEIT

ZUBEREITUNGSZEIT

Quick & easy: Einmal in den Ofen damit, und das Gericht ist so gut wie servierbereit! Das Wurzelgemüse gibt es in ganz vielen Farben und Formen … werde kreativ! Und jeder, der sich normalerweise nicht an Kürbisgerichte rantraut, wird die cremige Natur dieses Gemüses lieben!

GEBACKENER ZIMT-KÜRBIS

FÜR 2–3 PERSONEN

1 mittelgroßer Hokkaido-Kürbis
5 EL Olivenöl
3 EL gemahlener Zimt
2 EL gemahlene Nelken
(alternativ ganze Nelken)
3 EL Ahornsirup
(alternativ Agavendicksaft)
Salz
Pfeffer
3 EL Tahin (Sesammus)
2 EL frisch gepresster Orangensaft
2 TL mittelscharfer Senf
250 g Baby-Spinat

Außerdem
Backpapier

1 Den Backofen auf 180 °C (Umluft) vorheizen. Ein Backblech mit Backpapier auslegen.

2 Den Kürbis waschen, halbieren und entkernen. Das Fruchtfleisch klein schneiden und mit Olivenöl, Zimt, Nelken und Ahornsirup vermischen, mit Salz und Pfeffer würzen. Auf dem Backpapier verteilen und im heißen Backofen (Mitte) 25 Minuten backen, bis er gar ist.

3 Inzwischen in einer Schüssel Tahin, Orangensaft und Senf verrühren. Den Spinat verlesen, gründlich waschen und abtropfen lassen.

4 Den Kürbis aus dem Ofen nehmen, den Spinat unterheben und alles gut vermischen, damit der Spinat zusammenfällt. Mit der Sauce servieren.

TIPP
Schmeckt auch kalt am nächsten Tag super lecker.

GLASIERTE MÖHRENSTREIFEN

FÜR 2 PERSONEN

5 mittelgroße Möhren
3 EL Olivenöl
3 EL Aceto balsamico
2 EL Honig (alternativ Ahornsirup)
1 TL Knoblauchpulver
1 TL gemahlener Ingwer
1 TL getrockneter Rosmarin
Salz
Pfeffer

Außerdem
Olivenöl
ofenfeste Form

1 Den Backofen auf 180 °C (Ober-/Unterhitze) vorheizen. Die Form mit Olivenöl auspinseln.

2 Die Möhren waschen, putzen, nach Belieben schälen und längs in dünne Streifen schneiden.

3 In einer Schüssel Öl, Essig, Honig, Knoblauch- und Ingwerpulver und Rosmarin verquirlen und mit den Möhrenstreifen vermischen. Die Möhren in die Form geben, mit Salz und Pfeffer würzen und im heißen Ofen (Mitte) ca. 25 Minuten backen. Zwischendurch durchrühren.

TIPP
Probiere auch geröstetes Sesamöl anstatt Olivenöl – das gibt den Möhren eine komplett andere Note. Probiere beides aus und schau, was dir besser schmeckt!

TAPAS & APPETIZER

Ich liebe die Konsistenz von Tempeh. Die fermentierten Sojabohnen
bieten so viele unterschiedliche Zubereitungsmöglichkeiten und sind eine
wunderbare pflanzliche Proteinquelle.

GEBACKENER TEMPEH MIT MISO-SAUCE

FÜR 3–4 PERSONEN

500 g Tempeh
2 EL Speisestärke
2 Knoblauchzehen
(alternativ 2 TL Knoblauchpulver)

3 cm frischer Ingwer
(alternativ 2 TL gemahlener Ingwer)

4 EL Sojasauce
3 EL Tahin (Sesammus)
2 EL Zitronensaft
2 EL Sesamöl
2 EL Reissirup
1 EL Miso-Paste
2 EL Teriyaki-Sauce (nach Belieben)
2 EL Sesam

Außerdem
ofenfeste Form

1 Den Tempeh klein würfeln (ca. 4 × 2 cm) und in Speisestärke wälzen. In die Form legen und kurz einziehen lassen. Den Backofen auf 180 °C (Umluft) vorheizen.

2 Den Knoblauch und den Ingwer schälen und fein hacken. In einer Schüssel mit den restlichen Zutaten, außer dem Sesam, mischen. Den Tempeh gleichmäßig mit der Sauce marinieren und wieder in die Form geben. Im Backofen 25 Minuten backen.

3 Noch heiß mit Sesam bestreuen und servieren.

Süßkartoffeln könnte ich so ziemlich jeden Tag essen. Hier noch eine
wunderbar einfache Variante für dieses tolle Knollengemüse, das besonders reich an Vitamin C und E sowie zahlreichen Mineralien ist.

GEFÜLLTE SÜSSKARTOFFELN MIT CRUNCHY KICHERERBSEN

FÜR 2 PERSONEN

2 mittelgroße Süßkartoffeln
1 Glas Kichererbsen
(220 g Abtropfgewicht)

1 TL Currypulver
1 TL edelsüßes Paprikapulver
1 TL Knoblauchpulver
1 TL gemahlener Kreuzkümmel
2 TL weißes Tahin (Sesammus)
2 TL Ahornsirup
2 EL Orangensaft
(alternativ Zitronensaft)

2 EL Sesamöl
Salz
Pfeffer
200 g Baby-Spinat

1 Den Backofen auf 200 °C (Ober-/Unterhitze) vorheizen.

2 Die Süßkartoffeln gründlich waschen und halbieren. Die Hälften auf ein Backblech geben und im Backofen (Mitte) 30–35 Minuten backen, bis sie gar sind.

3 Inzwischen die Kichererbsen abgießen und abspülen. In einer beschichteten Pfanne ohne Fett die Kichererbsen mit Curry-, Paprika-, Knoblauchpulver und Kreuzkümmel rösten.

4 Für die Sauce Tahin, Ahornsirup, Orangensaft und Sesamöl verquirlen. Mit Salz und Pfeffer würzen. Den Spinat verlesen, gründlich waschen und abtropfen lassen.

5 Die Süßkartoffelhälften aus dem Ofen holen und mittig etwas aushöhlen. Den Spinat in die heißen Kartoffelhälften füllen. Die Kichererbsen darüber verteilen und mit der Sauce beträufeln. Sofort servieren.

SCHNELL   ZUCKERFREI   WENIGE ZUTATEN

03

BREAKFAST

Ohne Haferflocken wäre das Frühstück nur halb so schön! Dieses leckere Getreide ist ein richtiger Allrounder, was Gesundheit und Einsetzbarkeit angeht! Und eingeweicht wirkt es noch besser! Der Apfelessig sorgt dafür, dass das ganze gut verdaulich ist.

OVERNIGHT OAT PORRIDGE

FÜR 1 PERSON

Für den Porridge

70 g Haferflocken

3 EL Chia-Samen

3 TL geschroteter Leinsamen

15 g Rosinen

1 TL Sonnenblumenkerne

½ TL gemahlener Zimt

1 Schuss Apfelessig
(alternativ Zitronensaft)

150 ml Pflanzendrink
(alternativ Wasser)

Zum Servieren

je ½ Apfel und Banane

1 TL Kokosöl

½ TL gemahlener Zimt

50 ml + 1 EL Pflanzendrink

Salz

1 Msp. gemahlene Vanille

1 TL Kokosmus

1 EL geschälte Hanfsamen

1 EL Goji-Beeren (alternativ weiße
getrocknete Maulbeeren)

1 TL Kakao-Nibs

etwas Abrieb von 1 Bio-Zitrone

1 In einer Schüssel Haferflocken, Chia-Samen, Leinsamen, Rosinen, Sonnenblumenkerne und Zimt vermischen. Apfelessig und Pflanzendrink zufügen und alles zu einer Masse vermischen. Abgedeckt im Kühlschrank über Nacht quellen lassen.

2 Am nächsten Tag den Apfel waschen, putzen und in dünne Spalten schneiden. Die Banane schälen und in Scheiben schneiden. In einer Pfanne das Kokosöl erhitzen und das Obst 3–4 Minuten andünsten. Mit Zimt würzen.

3 Inzwischen den Porridge in einen Topf geben. 50 ml Pflanzendrink, 1 Prise Salz und Vanille zufügen und bei kleiner Hitze erwärmen, bei Bedarf mehr Pflanzendrink zufügen. Das Kokosmus untermischen.

4 Den Porridge in eine Schüssel füllen. Mit dem Obst, Hanfsamen, Goji-Beeren und Kakao-Nibs toppen. Mit 1 EL Pflanzendrink beträufeln und mit Zitronenabrieb servieren.

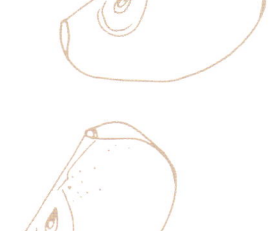

Wer träumt als „neue*r" Veganer*in noch vom Rührei zum Frühstück?
Diese vegane Scramble-Variante esse ich liebend gerne, auch mal zum
Mittagessen oder sogar abends! Wenn du zusätzlich mit Kala Namak
würzt, dann wird dir dein altes Rührei nach einer Weile nicht mehr fehlen.

TOFU-SCRAMBLE AUF SAUERTEIGBROT

FÜR 2 PERSONEN

1 rote Zwiebel

3 Knoblauchzehen

100 g Kirschtomaten

100 g Champignons

10 schwarze Oliven (ohne Stein)

200 g Räuchertofu

2 EL Kokosöl

3 EL Sojasauce

2 EL Ahornsirup

2 EL Hefeflocken

1 TL edelsüßes Paprikapulver

1 TL gemahlener Kreuzkümmel

½ TL gemahlene Kurkuma
(für die Farbe)

1 TL getrocknete italienische
Kräuter

Kala Namak (indisches Schwarzsalz)

Pfeffer

2 Scheiben Sauerteigbrot

Olivenöl zum Beträufeln

1 Die Zwiebel und die Knoblauchzehen schälen und fein hacken. Die Tomaten waschen und klein schneiden. Die Champignons putzen und ebenfalls klein schneiden. Die Oliven klein schneiden. Den Tofu aus der Packung nehmen und abtropfen lassen. Mit einer Gabel oder den Fingern zerbröseln.

2 In einer Pfanne das Kokosöl erhitzen und Zwiebel und Knoblauch darin anschwitzen. Die Pilze zufügen und kurz anbraten. Den zerbröselten Tofu, Sojasauce, Ahornsirup, Hefeflocken, Gewürze und Kräuter zufügen. Alles unter Rühren bei mittlerer Hitze 10 Minuten anbraten.

3 Die Tomaten und Oliven hinzufügen. Nochmals kurz unter Rühren braten. Mit Kala Namak und Pfeffer abschmecken.

4 Die Brotscheiben rösten oder toasten und das Tofu-Scamble darauf verteilen. Mit etwas Olivenöl beträufeln und sofort servieren.

Overnight Oats… mal anders! Dies ist wahrscheinlich nicht das, was du
von einem herkömmlichen Pudding erwarten würdest, aber genau darum
geht es ja bei der Kreativität, richtig? Ich verspreche dir, wenn du ihn
probierst, wirst du nur noch deinen eigenen Pudding machen wollen!

FLIPPED OAT PUDDING

FÜR 2 PUDDINGS

Für den Pudding

80 g Haferflocken

150 ml Pflanzendrink
(z. B. Haferdrink)

1 TL gemahlener Zimt

2 EL Chia-Samen

2 EL geschroteter Leinsamen

2 EL Ahornsirup
(alternativ Reissirup)

Vanilleextrakt

Salz

3 EL pflanzliche Joghurtalternative
(„Skyr-Style")

3 EL veganes Proteinpulver
(nach Belieben)

Für das Topping

3 EL pflanzliche Joghurtalternative
(z. B. Vanillegeschmack)

2 EL Ahornsirup
(alternativ Reissirup)

½ TL gemahlener Zimt

1 Handvoll gehackte Nusskerne

Kakao-Nibs und/oder getrocknete
Maulbeeren

Außerdem

2 kleine Schüsseln oder
Silikonformen

Frischhaltefolie

1 Am Vorabend die Haferflocken mit Pflanzendrink, Zimt, Chia- und Leinsamen, Ahornsirup, Vanilleextrakt und 1 Prise Salz in einem Topf aufkochen. Bei kleiner Hitze 10 Minuten köcheln lassen. Zwischendurch öfter umrühren. Vom Herd nehmen und den Joghurt sowie optional das Proteinpulver einrühren.

2 Zwei kleine Schüsseln mit Frischhaltefolie auslegen (alternativ Silikonformen) und den Porridge einfüllen. Über Nacht in den Kühlschrank stellen.

3 Am nächsten Tag den Pudding auf Teller stürzen. Die Folie abziehen.

4 Für das Topping den Joghurt mit Ahornsirup und Zimt mischen und über die Oat Puddings geben. Mit Nüssen, Kakao-Nibs und/oder Maulbeeren garnieren.

BREAKFAST

Ein ganz simples Gericht, das eines meiner absoluten Lieblingsfrühstücke ist! Die Idee, Süßkartoffeln nicht nur herzhaft zu verwenden, kam mir eines Morgens, als ich nichts anderes zum Frühstück fand, als eine halbe gebackene Süßkartoffel vom Vorabend … intuitiv kamen dann die Toppings dazu.

DIE FRÜHSTÜCKS-KARTOFFEL

FÜR 1 PERSON

1 mittelgroße Süßkartoffel

400 g pflanzliche Joghurtalternative (z. B. Vanillegeschmack)

2 TL gemahlener Zimt

20 g Rosinen

4 EL dunkles Mandelmus

50 g Granola

1 Handvoll Heidelbeeren

1 Handvoll Goji-Beeren

1 Den Backofen auf 200 °C (Ober-/Unterhitze) vorheizen. Die Süßkartoffel mit der Schale waschen und mit einer Gabel mehrmals einstechen. Auf das Backblech geben und im heißen Ofen ca. 45 Minuten weich garen. Mit einer Gabel einstechen und kontrollieren, ob sie schon gar ist.

2 Die Süßkartoffel aus dem Ofen nehmen und längs halbieren. Auf einen Teller geben und ausdampfen lassen.

3 Den Joghurt mit Zimt und Rosinen mischen und über beide Kartoffelhälften geben. Mit Mandelmus, Granola und den Beeren garnieren.

TIPP

Du kannst die Süßkartoffel bereits am Vorabend garen und im Kühlschrank lagern. Am Morgen kurz im Backofen erwärmen.

BREAKFAST

Die Bowl ist seit fast zwei Jahren mein absoluter Breakfast-Favorit. Für mich gibt es nichts Befriedigenderes, als diese Kombination aus gesunden, nährenden und leckeren Zutaten. Besonders in den wärmeren Jahreszeiten ist die Chia-Bowl eine erfrischende Alternative zum Porridge.

CHIA-JOGHURT-BOWL

FÜR 1 BOWL

Für die Basis
20 g Chia-Samen
50 ml leichte Kokosmilch (12 % Fett)
2 getrocknete Soft-Pflaumen
½ Banane
Saft von ½ Bio-Zitrone
30 g pflanzliche Joghurtalternative
(z. B. Soja oder Kokosnuss)
2 EL Rosinen
1 TL gemahlener Zimt
½ TL Flohsamenschalen
(nach Belieben)

Für das Topping
½ Pfirsich
1 Handvoll Heidelbeeren
1 EL weiße getrocknete Maulbeeren
1 EL Goji-Beeren
1 EL geschroteter Leinsamen
1 TL Leinöl
1 TL Kakao-Nibs
1 TL Honig (alternativ Agavendicksaft)
1 TL Tahin (Sesammus)
Abrieb von ½ Bio-Zitrone

1 Für die Basis die Chia-Samen mit der Kokosmilch verquirlen und über Nacht im Kühlschrank quellen lassen (mindestens 6 Stunden).

2 Die Pflaumen klein schneiden. Die Banane schälen, mit einer Gabel zerdrücken und mit dem Zitronensaft mischen. Die Pflaumen, Banane, Joghurt, Rosinen, Zimt und, nach Belieben, die Flohsamenschalen mit dem Chia-Pudding vermischen. In eine Schüssel geben.

3 Für das Topping den Pfirsich und die Heidelbeeren waschen, Pfirsich klein würfeln. Zusammen an einer Seite der Bowl garnieren.

4 Die Maul- und Goji-Beeren sowie den Leinsamen und das Öl in einer Linie daneben verteilen.

5 Die Kakao-Nibs darüber verteilen, den Honig bwz. Agavendicksaft und das Sesammus quer über die Bowl träufeln. Mit Zitronenabrieb bestreut servieren.

TIPP

Als absolutes Highlight und Finish raspel ordentlich Zitronenabrieb über deine Bowl. Es ist ein Game-Changer!

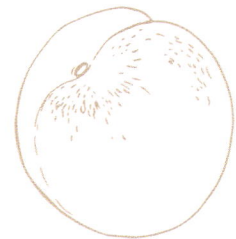

BREAKFAST

Haferflocken, mal anders! Es ist kalt draußen und dein Körper schreit förmlich nach Wärme und Erdung? Dann probiere an diesem (Sonn-) Tag doch mal was Gebackenes zum Frühstück. Die Baked Oats enthalten gesunde und unglaublich nährende Zutaten, schmecken aber wie Kuchen!

OVENBAKED
OATS

FÜR 1–2 PERSONEN

60 g Hafermehl (alternativ
Kleinblatt-Haferflocken)

1 EL rohes Kakaopulver

1 EL geschroteter Leinsamen
(alternativ Chia-Samen)

1 TL Backpulver

Salz

1 Banane

180 ml Pflanzendrink
(z. B. Mandeldrink)

30 g pflanzliche Joghurtalternative
(z. B. Soja oder Kokosnuss)

2 TL Vanilleextrakt

20 ml Ahornsirup

1 EL Erdnussmus

20 g vegane Schokoladendrops

1 TL gemahlener Zimt

1 Handvoll Erdnusskerne

Außerdem

ofenfeste Form (ca. 26 × 15 cm)

Kokosöl zum Ausfetten

pflanzliche Joghurtalternative zum
Servieren (Vanillegeschmack, nach
Belieben)

1 Den Backofen auf 180 °C (Umluft) vorheizen. Die Form ausfetten.

2 In einer Schüssel Hafermehl, Kakaopulver, Leinsamen, Backpulver und
½ TL Salz mischen.

3 Die Banane schälen, zerdrücken und in eine Schüssel geben. Die restlichen Zutaten zufügen und alles gründlich mischen. Die Mehlmischung
dazugeben und alles verrühren.

4 Die Masse in die Form füllen und im heißen Backofen (Mitte)
40 Minuten backen. Herausholen und 5 Minuten abkühlen lassen.

5 Nach Belieben mit dem Vanillejoghurt servieren.

In den warmen Jahreszeiten ist unser energetisches Feuer eher nach außen gerichtet und kollidiert oftmals mit der äußerlich vorhandenen Hitze! Da passt eine kühlende Früchte-Bowl perfekt, die zudem wertvolle Vitamine und Nährstoffe liefert.

AÇAÍ BOWL

FÜR 1 BOWL

Für die Basis

1 Banane
½ Zucchini
1 Pck. TK-Açaí-Beeren
(100 g, alternativ TK-Beeren-Mix)

3 TL Chia-Samen
1 EL Erdnussmus
200 ml Pflanzendrink
(z. B. Nussdrink, alternativ Wasser)

1 TL gemahlener Zimt
1 Dattel (Medjool, ohne Stein)
1 Handvoll Minzblätter
(nach Belieben)

Für das Topping

50 g Himbeeren
50 g Heidelbeeren
½ Banane
2 TL Kakao-Nibs
Goji-Beeren
getrocknete Maulbeeren

1 Die Banane schälen, die Zucchini waschen und alles klein schneiden. In ein geeignetes Gefäß geben und über Nacht im Gefrierschrank einfrieren.

2 In einem Mixer alle Zutaten für die Basis pürieren, bis eine cremige Masse entsteht. In eine hübsche Bowl füllen.

3 Die Himbeeren und Heidelbeeren waschen und trocken tupfen. Die Banane schälen und in Scheiben schneiden. Die Bowl mit dem Obst garnieren. Mit Kakao-Nibs, Goji- und Maulbeeren dekorieren.

TIPP

Als Topping eignen sich auch Kokoschips oder essbare Blüten.

DIFFERENT CINNAMON-BAKED OATMEAL

FÜR 2 PERSONEN

150 g Hafermehl
(alternativ Haferflocken)

100 g Mandelmehl

100 g Kokosblütenzucker

2 EL + 1 TL gemahlener Zimt

½ TL gemahlene Muskatnuss

Salz

1 TL Backpulver

2 EL Apfelessig

150 ml Haferdrink

100 g Apfelmus (ungesüßt)

30 ml geschmolzenes Kokosöl

1 TL Vanilleextrakt

2 EL geschroteter Leinsamen

3 EL Ahornsirup

2 EL Erdnussmus

1 Handvoll Walnusskerne

Außerdem

Auflaufform
Kokosöl zum Ausfetten

1 Den Backofen auf 180 °C (Umluft) vorheizen. Wenn Haferflocken anstatt Hafermehl verwendet werden, dann diese im Mixer klein mahlen. Die Auflaufform ausfetten.

2 In einer Schüssel Hafermehl, Mandelmehl, Zucker, 2 EL Zimt, Muskatnuss, 1 Prise Salz und Backpulver vermischen. Anschließend Apfelessig, Haferdrink, Apfelmus, Kokosöl, Vanilleextrakt und Leinsamen untermischen, bis eine homogene Masse entsteht.

3 In einer kleinen Pfanne den Ahornsirup mit dem restlichen Zimt und dem Erdnussmus vermischen und unter Rühren bei kleiner Hitze 5 Minuten erhitzen.

4 Die Hafermischung in die Form füllen und verstreichen. Die Ahornsirupmischung darüber verteilen. Die Walnüsse grob hacken und darüberstreuen. Im heißen Backofen (Mitte) 20–25 Minuten backen.

5 Vor dem Servieren abkühlen lassen.

Mittlerweile kennt jeder das leckere gebackene Oatmeal zum Frühstück! Aber warum das Ganze nicht ein wenig variieren? Warm und nährend für den Bauch gibt es dir beispielsweise einen wundervollen Start in den Sonntag.

20 MINUTEN,
+ 25 MINUTEN
BACKZEIT

ZUBEREITUNGSZEIT

MAULBEEREN-BREAKFAST-JOOK

FÜR 2 KLEINE PORTIONEN

60–70 g Basmatireis
(alternativ Milchreis)

15 g Pinienkerne

30 g getrocknete Maulbeeren

10 Datteln (Jujube,
alternativ klassische Datteln)

Salz

50 ml Kokosmilch
(alternativ Pflanzendrink)

2 EL Ahornsirup

1 TL Cashewmus (alternativ
Sesam- oder weißes Mandelmus)

1 Handvoll Himbeeren

1–2 EL Kakao-Nibs

1 Am Vorabend den Reis gründlich abspülen. In eine Schüssel geben, mit frischem Wasser bedecken und über Nacht einweichen.

2 Am Morgen den Reis abgießen und abtropfen lassen. Die Pinienkerne in einer kleinen Pfanne ohne Fett rösten, bis sie leicht gebräunt sind.

3 In einem Topf 500 ml Wasser zum Kochen bringen. Die Hitze reduzieren und die Maulbeeren zufügen. 5 Minuten köcheln lassen. Inzwischen die Datteln entsteinen. Reis, Datteln, 1 Prise Salz und Pinienkerne dazugeben. Alles verrühren und bei mittlerer Hitze 15 Minuten köcheln lassen. Zwischendurch immer wieder umrühren.

4 Wenn alles etwas angedickt ist, die Kokosmilch und den Ahornsirup zufügen und köcheln lassen, bis die gewünschte Konsistenz erreicht ist. Vom Herd nehmen und 6–7 Minuten zugedeckt ziehen lassen.

5 Jook in einer Schüssel anrichten und mit Cashewmus, Himbeeren und Kakao-Nibs garnieren.

INFO

Die Jujube-Datteln werden in der Traditionellen Chinesischen Medizin sehr geschätzt. Sie unterscheiden sich in der Konsistenz deutlich von klassischen Datteln. Die getrockneten Früchte sind fluffig und erinnern ein wenig an Marshmallows. Geschmacklich ähneln sie getrockneten Äpfeln mit einer Karamellnote.

Jook, eine Art „Reis-Porridge", ist ein klassisches chinesisches Gericht, das im östlichen Raum in vielen Variationen serviert wird. Klassischerweise wird es mit Hähnchen und Hühnerbrühe zubereitet und hat eine Reihe an positiven Effekten bezüglich seiner Energetik.

35 MINUTEN
+ ÜBER NACHT
EINWEICHEN

ZUBEREITUNGSZEIT

REZEPTLEGENDE

SCHNELL   ZUCKERFREI   WENIGE ZUTATEN

04

FAMILY & FRIENDS

FAMILY & FRIENDS

Das klassische deutsche Familiengericht mal anders! Lässt sich einfach aufbewahren, wieder erhitzen und befriedigt den großen Hunger an einem
kuscheligen Familienabend.

WIRSING-KARTOFFEL-EINTOPF

FÜR 2 PERSONEN

1 kleine Zwiebel

3 Knoblauchzehen

4 mittelgroße Kartoffeln

½ Wirsing

2 EL Olivenöl

2 TL Paprikapulver

1 TL Cayennepfeffer

frisch geriebene Muskatnuss

750 ml Gemüsebrühe

60 ml Sojacreme Cuisine
(ersatzweise Hafercreme Cuisine)

3 EL Hefeflocken

2 TL Senf

Salz

Pfeffer

1 Die Zwiebel und den Knoblauch schälen und fein hacken. Die Kartoffeln schälen und klein würfeln. Den Wirsing putzen, waschen und in Streifen schneiden.

2 In einem Topf das Öl erhitzen und Zwiebel und Knoblauch darin anschwitzen. Die Kartoffeln zugeben, kurz anbraten und mit Paprika, Cayennepfeffer und Muskatnuss würzen. Die Gemüsebrühe angießen und 10 Minuten zugedeckt bei mittlerer Hitze köcheln lassen. Den Wirsing zufügen und weitere 10 Minuten zugedeckt köcheln lassen.

3 Die Sojacreme Cuisine, Hefeflocken und Senf unterrühren und 5 Minuten ohne Deckel köcheln lassen. Mit Salz und Pfeffer abschmecken.

TIPP

Für den besonderen Crunch serviere ich den Eintopf mit gerösteten und gehackten Pekannusskernen.

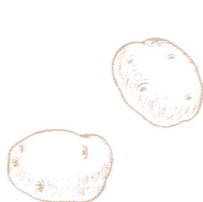

Ein kleiner Exkurs in die israelische Welt der duftenden Gewürzwolken und cremigen Konsistenzen. Warm oder kalt, dieses Gericht schmilzt regelrecht auf der Zunge dahin!

CREMIGE SÜSSKARTOFFELN AUS DEM OFEN

FÜR 4 PERSONEN

2 große Süßkartoffeln
1 Zwiebel
3 Knoblauchzehen
70 ml Kokosmilch
2 EL Paprikapulver
2 EL Mehl
2 EL Hefeflocken
2 EL Olivenöl
1 kleines Bund Schnittlauch
Salz
Pfeffer

Außerdem
ofenfeste Auflaufform
Alufolie

1 Den Backofen auf 180 °C (Ober-/Unterhitze) vorheizen.

2 Die Süßkartoffeln waschen, nach Belieben schälen und in dünne Scheiben schneiden. Die Zwiebel und den Knoblauch schälen und fein hacken. In einer Schüssel Kokosmilch, Paprikapulver, Mehl und Hefeflocken verquirlen.

3 In einer tiefen Pfanne das Olivenöl erhitzen. Zwiebel und Knoblauch darin anschwitzen. Die Kokosmilchmischung dazugießen und aufkochen. Bei kleiner Hitze 3–5 Minuten andicken lassen. Beiseitestellen.

4 Die Süßkartoffelscheiben in der Form verteilen und die Sauce darübergießen. Mit Alufolie abdecken und im heißen Ofen (Mitte) 1 Stunde backen. Herausnehmen, die Folie entfernen und weitere 12–15 Minuten backen, bis die Scheiben oben schön goldbraun sind.

5 Inzwischen den Schnittlauch waschen, trocken schütteln und in Röllchen schneiden. Die Süßkartoffeln mit Schnittlauch bestreuen und mit Salz und Pfeffer würzen.

Mein absolutes Lieblingsgericht für einen Abend mit vielen Freunden oder Familie! Es scheint viel Arbeit, ist es aber gar nicht. Sobald du alle Zutaten vorbereitet hast, köchelt das cremige Curry nur noch vor sich hin, während du dich mit deinen Gästen beschäftigen kannst. Es wird ein wahrer Gaumengenuss, vertrau mir!

PEANUT BUTTER COMFORT CURRY

FÜR 4 PERSONEN

1 große Zwiebel
6 Knoblauchzehen
10 cm frischer Ingwer
2 rote Spitzpaprika
150 g grüne Bohnen
5 große Möhren (rot, orange)
4 mittelgroße Kartoffeln
1 mittelgroße Süßkartoffel
2 Stangen Lauch
5 EL Kokosöl
Salz
1 EL mildes Currypulver
1 EL Garam Masala
1 TL gemahlener Zimt
1 TL gemahlene Kurkuma
1 TL edelsüßes Paprikapulver
1 TL Chiliflocken
3 EL Tomatenmark
2 EL Currypaste (nach Belieben)
5 EL geröstetes Sesamöl
1 Dose Kokosmilch (400 ml)
500 ml Gemüsebrühe
2 Gläser Kichererbsen
(je 220 g Abtropfgewicht)
6 EL Erdnussmus
Saft von 2 Limetten

Für die Toppings
50 g Cashewkerne
4 EL Ahornsirup
1 TL grobes Salz
80 g Rosinen
10 Minzblätter

Außerdem
Basmatireis zum Servieren

1 Die Zwiebel, Knoblauchzehen und Ingwer schälen und fein hacken. Die Paprika putzen, waschen und in dünne Streifen schneiden. Die Bohnen waschen und die Enden abschneiden. Falls sich Fäden lösen, abziehen. In ca. 2 cm lange Stücke schneiden. Die Möhren schälen und längs in 1 cm dicke Scheiben schneiden, dann in breite Stifte. Die Kartoffeln und Süßkartoffel schälen und gleich groß würfeln. Den Lauch putzen und gründlich waschen, in dicke Ringe schneiden.

2 In einem großen Topf 4 EL Kokosöl erhitzen und Zwiebel, Knoblauch und Ingwer darin anschwitzen, salzen. Die Gewürze, das Tomatenmark und nach Belieben die Currypaste zufügen. Rühren, bis sich eine geschmeidige Paste bildet.

3 Das Gemüse und das Sesamöl zugeben, bei geschlossenem Deckel kurz anschwitzen, dabei gelegentlich umrühren. Währenddessen den Reis nach Packungsanweisung aufsetzen und kochen.

4 Die Kokosmilch dazugießen, kräftig verrühren und 5 Minuten bei geschlossenem Deckel köcheln lassen. Die Gemüsebrühe aufgießen und weitere 15 Minuten zugedeckt kochen.

5 Die Kichererbsen abgießen, abspülen und mit Erdnussmus und Limettensaft dazugeben. Alles bei mittlerer Hitze köcheln lassen, dabei gelegentlich umrühren, bis das Curry cremig ist.

6 Cashewkerne nach Belieben mit einem Messer zu Hälften auseinanderlösen. In einer kleinen Pfanne das restliche Kokosöl erhitzen. Die Cashewkerne und Ahornsirup darin unter Rühren rösten, bis die Kerne goldbraun sind. Herausnehmen, in eine Schüssel geben und mit grobem Salz würzen. Rosinen und Minzblätter ebenfalls in kleine Schüsseln geben.

7 Das Curry mit Basmatireis servieren. Die Toppings dazu reichen.

TIPP
Dazu passt knuspriger Räuchertofu. Dafür den Tofu würfeln und in Sesamöl 10 Minuten knusprig anbraten.

PISTAZIEN-REIS

FÜR 3–4 PERSONEN

3 Frühlingszwiebeln
500 g Basmatireis
4 EL Olivenöl
50 g Pistazien
4 Stück Sternanis
(alternativ 3 TL Anissamen)
1 Zimtstange
1 l Gemüsebrühe
Salz
Pfeffer

1 Die Frühlingszwiebeln putzen, waschen und klein schneiden. Den Reis in einem Sieb unter fließendem Wasser gründlich abspülen und abtropfen lassen.

2 In einem großen Topf das Öl erhitzen. Darin den Reis, Pistazien, Frühlingszwiebeln, Sternanis und Zimt unter Rühren ca. 10 Minuten rösten. Die Gemüsebrühe aufgießen und bei kleiner Hitze zugedeckt 20–25 Minuten köcheln lassen.

3 Kurz vor Ende der Garzeit den Reis mit einer Gabel auflockern und 3–4 Minuten mit offenem Deckel nachziehen lassen. Mit Salz und Pfeffer abschmecken.

TIPP

Den Reis während der Garzeit nicht umrühren, sonst wird er nicht so schön fluffig!

Risotto kennt jeder. Aber wir wollen das Ganze doch mal etwas aufpeppen, und zwar mit einem israelischen Touch. Einfacher geht's quasi nicht – kein Schnibbeln oder Am-Herd-Stehen, alles in den Topf und den Abend mit Freunden genießen, bis das Essen ready ist!

35 MINUTEN

ZUBEREITUNGSZEIT

GEBRATENER REIS – ORIENTAL STYLE

FÜR 2–3 PERSONEN

150 g brauner Langkornreis
1 große rote Zwiebel
3 Knoblauchzehen
3 cm frischer Ingwer
1 Aubergine
Salz
1 Zucchini
15 g blanchierte Mandeln
2 EL Kokosöl
3 EL Kokosblütenzucker
3 EL Sojasauce
1 TL Currypulver
1 TL Garam Masala
½ TL Chilipulver
½ TL gemahlener Zimt
½ TL gemahlener Kreuzkümmel
100 g TK-Erbsen
30 g Rosinen

Für die Sauce

3 Knoblauchzehen
1 Handvoll Petersilie
3 EL pflanzliche Joghurtalternative
½ EL Chiliflocken
2 EL Olivenöl
Salz
Pfeffer

1 Den Reis in einem Kochtopf mit 300 ml Wasser ca. 40 Minuten köcheln lassen.

2 Zwiebel, Knoblauchzehen und Ingwer schälen und fein hacken. Die Aubergine waschen, putzen und klein würfeln. Für 10 Minuten in Salzwasser einlegen, abtropfen lassen. Die Zucchini waschen, putzen und klein würfeln. Die Mandeln in einer Pfanne ohne Fett rösten, dann grob hacken.

3 Für die Sauce die Knoblauchzehen schälen und pressen. Die Petersilie waschen, trocken schütteln und fein hacken. Knoblauch und Petersilie mit den restlichen Zutaten mischen und mit Salz und Pfeffer würzen.

4 Kokosöl in einer Pfanne erhitzen und Zwiebel, Knoblauch und Ingwer darin anschwitzen. Die Aubergine und Zucchini zufügen und mit Kokosblütenzucker bestreuen. Kurz karamellisieren lassen. Die Sojasauce und Gewürze zufügen und alles 5–7 Minuten anbraten. Zwischendurch rühren. Die Erbsen dazugeben und braten, bis die Flüssigkeit verdampft ist.

5 Dann den gekochten Reis in die Pfanne geben und alles gründlich vermengen. Den Reis rundherum gut anbraten.

6 Den gebratenen Reis auf Tellern servieren, die Rosinen und Mandeln darüberstreuen und die Sauce dazu servieren.

Gebratener Reis, wie könnte man da keine Lust drauf haben? Dieses Gericht ist von der marokkanischen Küche inspiriert, die Gewürze und der leicht orientalische Touch runden das Ganze wundervoll ab! Warm oder kalt, am Tag danach schmeckt er manchmal sogar noch besser. Gemüse kann SO Spaß bringen!

55 MINUTEN

ZUBEREITUNGSZEIT

Freunde kommen und du willst etwas Gesundes kochen … aber bitte auch lecker und einfach zu machen! Here you go: Dieses Stir-Fry ist cremig und voller Vitamine. Zum Servieren kannst du auch zerbröckelten Tofu untermischen!

BROKKOLI-KICHERERBSEN-STIR-FRY

FÜR 2–3 PERSONEN

Für das Gemüse

1 weiße Zwiebel
4 Knoblauchzehen
4 cm frischer Ingwer
1 Brokkoli
1 Glas Kichererbsen
(Abtropfgewicht 220 g)
2 EL Olivenöl
100 ml Gemüsebrühe
30 g Cashewkerne
1 TL edelsüßes Paprikapulver
½ TL geräuchertes Paprikapulver
½ TL Cayennepfeffer
Salz
Pfeffer

Für die Sauce

2 TL Reisessig
3 EL Sojasauce
2 EL Ahornsirup
1 EL Stärke

Außerdem

Basmatireis zum Servieren

1 Zwiebel, Knoblauchzehen und Ingwer schälen und fein hacken. Den Brokkoli waschen, putzen und in kleine Röschen teilen. Den Stiel schälen und klein würfeln. Die Kichererbsen in einem Sieb abspülen und abtropfen lassen.

2 In einer Pfanne das Öl erhitzen und Zwiebeln, Knoblauch und Ingwer anschwitzen. Den Brokkoli und die Brühe zugeben und ca. 8 Minuten köcheln, bis der Brokkoli gar, aber noch bissfest ist.

3 Für die Sauce alle Zutaten mit 100 ml Wasser mischen und zum Brokkoli geben. Die Kichererbsen ebenfalls zufügen. Alles zum Kochen bringen, die Hitze reduzieren und köcheln, bis die Sauce andickt.

4 Inzwischen die Cashewkerne in einer Pfanne ohne Fett bei kleiner Hitze ca. 10 Minuten rösten.

5 Die Brokkolipfanne mit den Gewürzen und Salz und Pfeffer abschmecken. Mit Reis und Cashews servieren.

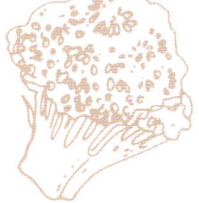

FAMILY & FRIENDS

Die Ramen-Suppe schmeckt zwar etwas anders, als du es vielleicht aus der traditionellen japanischen Küche gewohnt bist. Dennoch ist sie ein echter Kracher für deine Freunde an einem gemeinsamen Kochabend. Auf allen geschmacklichen Ebenen befriedigend und auch etwas experimentell!

RAMEN-STYLE-NUDELN MIT KNUSPRIGEM TOFU

FÜR 2–3 PERSONEN

1 weiße Zwiebel
4 Knoblauchzehen
3 cm frischer Ingwer
3 Frühlingszwiebeln
1 Stange Lauch
200 g Weißkohl
(alternativ Wirsing)

2 EL Kokosöl
700 ml Gemüsebrühe
150 ml Pflanzendrink
(alternativ Kokosmilch)

1 EL Reisessig
1 EL Ahornsirup
2 EL Sojasauce
(alternativ Tamarisauce)

2 EL Miso-Paste
1 EL Tahin (Sesammus)
1 EL Erdnussmus
(alternativ weißes Mandelmus)

½ TL Chiliflocken
½ TL Paprikapulver
½ TL gemahlener Ingwer
500 g asiatische Nudeln
(z. B. flache Reisnudeln)

3 TL schwarzer und weißer Sesam
(alternativ Gomasio)

Für den knusprigen Tofu
400 g Tofu
3 EL Stärke
½ TL Chiliflocken
½ TL Paprikapulver
½ TL gemahlener Ingwer
1 EL Sesamöl

1 Zwiebel, Knoblauchzehen und Ingwer schälen und fein hacken. Frühlingszwiebeln und Lauch putzen, waschen, den Lauch längs halbieren und alles schräg in Streifen schneiden. Den Kohl waschen und in Streifen schneiden.

2 In einem großen Topf das Kokosöl erhitzen und Zwiebel, Knoblauch und Ingwer anschwitzen. Die Brühe und den Pflanzendrink aufgießen. Reisessig, Ahornsirup, Sojasauce, Miso-Paste, Sesam- und Erdnussmus sowie die Gewürze zufügen. 15 Minuten köcheln lassen.

3 Inzwischen den Tofu mithilfe eines Küchenpapiers trocken tupfen, dann in Würfel schneiden. Die Stärke mit den Gewürzen mischen und den Tofu darin wälzen. In einer Pfanne das Sesamöl erhitzen und den Tofu darin rundherum knusprig frittieren. Auf einem Küchenpapier abtropfen lassen.

4 Die Nudeln zur Suppe geben und 2 Minuten ziehen lassen. Den Kohl und den Lauch zufügen und weitere 3 Minuten ziehen lassen.

5 Ramen in tiefe Teller geben und mit Frühlingszwiebeln, Sesam und knusprigem Tofu servieren.

FAMILY & FRIENDS

Ein leicht orientalischer Vibe darf auch in meinem Buch nicht fehlen.
Die Süßkartoffel erdet und befriedigt mit einem süßlichen Touch, und der
cremige Dip gibt dem Ganzen das perfekte Finish. Ob warm oder kalt,
speziell für Abende und Büfett mit Freunden perfekt und einfach vorzube-
reiten, bevor alle kommen!

SÜSSKARTOFFEL AUF ARTISCHOCKEN-CREME

FÜR 4 PERSONEN

2 große Süßkartoffeln

3–4 EL Olivenöl

1 TL gemahlener Zimt

1 TL gemahlener Kreuzkümmel

1 TL gemahlener Ingwer

Salz

1 EL Sesam

2 EL Dattelsirup
(alternativ Ahornsirup)

1 gehäufter EL ungesüßtes
Erdnussmus

3 EL geröstetes Sesamöl

Pfeffer

Für die Creme

100 g TK-Edamame

180 g Artischocken
(in Wasser eingelegt, Glas)

100 g weiße Bohnen (Glas)

1 Knoblauchzehe

2 EL Mandelmus

1 EL Tahin (Sesammus)

Saft von ½ Zitrone

Salz

Pfeffer

Außerdem

Backpapier

Olivenöl

1 Den Backofen auf 180 °C (Ober-/Unterhitze) vorheizen. Ein Backblech mit Backpapier auslegen. Die Süßkartoffeln gründlich waschen und klein würfeln. In einer großen Schüssel Olivenöl, Zimt, Kreuzkümmel und Ingwer mischen. Die Süßkartoffel zugeben und alles gut vermengen. Auf dem Backpapier verteilen und salzen. Im heißen Backofen (Mitte) ca. 25 Minuten backen.

2 Inzwischen den Sesam in einer Pfanne ohne Fett rösten. Beiseitestellen.

3 In einer großen Schüssel Dattelsirup, Erdnussmus und Sesamöl verquirlen. Die Süßkartoffelwürfel zufügen und alles gut vermischen. Mit Salz und Pfeffer abschmecken.

4 Für die Creme die Edamame auftauen. Die Artischocken und Bohnen abgießen und abtropfen lassen. Die Knoblauchzehe schälen und grob hacken. Alles mit den restlichen Zutaten in einem Mixer oder mit dem Pürierstab cremig pürieren. Bei Bedarf noch etwas Olivenöl zufügen. Mit Salz und Pfeffer abschmecken.

5 Die Creme auf einer großen Platte verteilen. Die Süßkartoffelwürfel darübergeben und mit dem gerösteten Sesam bestreuen.

Dieses Rezept ist wirklich eine Nährstoffbombe. Die Hülsenfrüchte
und das erdige Gemüse nähren und befriedigen deinen Magen, du fühlst
dich geerdet und entspannt. Die Algen geben deinen Organen eine Fülle
an vitalen Nährstoffen. Durch die Kombination aller Zutaten hast du ein
perfekt abgestimmtes und erfüllendes Geschmackserlebnis!

LINSENEINTOPF
MIT KOKOSREIS

FÜR 2–3 PERSONEN

200 g schwarze Belugalinsen
(alternativ französische Puy-Linsen)

1 Streifen getrocknete Kombu-Alge

1 Zwiebel

4 Knoblauchzehen

2 mittelgroße Möhren

1 Stange Lauch

3 Stangen Staudensellerie

2 Tomaten

2 Süßkartoffeln

4 EL Olivenöl

Salz

frisch gemahlener schwarzer Pfeffer

½ TL Chiliflocken

1 TL gemahlener Kreuzkümmel

1 TL getrockneter Thymian

2 Lorbeerblätter

1 Handvoll Petersilie

1 TL Kümmelsamen

½ Avocado

1 TL Sesam

Für den Kokosreis

150 g Basmatireis

1 Dose Kokosmilch (400 ml, vollfett)

Salz

1 Für den Kokosreis den Reis gründlich abspülen, abtropfen lassen und in einen Topf geben. Die Kokosmilch und ½ TL Salz zufügen. Alles aufkochen, einmal umrühren und zugedeckt bei kleiner Hitze 15–20 Minuten köcheln lassen (ohne den Deckel abzunehmen oder zu rühren).

2 Wenn der Reis gar ist, den Topf vom Herd nehmen und zugedeckt 10 Minuten ausquellen lassen.

3 Inzwischen in einem großen Topf 1 l Wasser mit den Linsen zum Kochen bringen. Die Hitze reduzieren, die Kombu-Alge dazugeben und 30 Minuten köcheln lassen. Überschüssigen Schaum abschöpfen.

4 Inzwischen die Zwiebel und Knoblauchzehen schälen und fein hacken. Die Möhren gründlich waschen, nach Belieben schälen, und klein schneiden. Den Lauch putzen, waschen und in Scheiben schneiden. Den Sellerie waschen, putzen, ggf. harte Fäden ziehen und in Scheiben schneiden. Die Tomaten waschen und klein würfeln. Die Süßkartoffeln gründlich waschen, nach Belieben schälen, und klein würfeln.

5 In einer Pfanne das Öl erhitzen und die Zwiebel 4 Minuten anschwitzen. Knoblauch, Lauch, Möhren, Tomaten und Sellerie dazugeben. Mit Salz, Pfeffer, Chiliflocken, Kreuzkümmel und Thymian würzen und weitere 5 Minuten anbraten, bis das Gemüse rundherum leicht gebräunt ist.

6 Das Gemüse und die Lorbeerblätter zu den Linsen geben. Zugedeckt weitere 10 Minuten köcheln. Dann die Süßkartoffeln hinzufügen und weitere ca. 10 Minuten köcheln, die Süßkartoffeln sollten noch bissfest sein. Vom Herd nehmen.

7 Die Petersilie waschen, trocken schütteln und fein hacken. Den Linseneintopf mit Petersilie und Kümmel bestreuen.

8 Die Avocado von Schale und Stein befreien und in Scheiben schneiden. Den Kokosreis und Avocado mit dem Sesam betreuen und mit dem Linseneintopf servieren.

FAMILY & FRIENDS

Ein simples, aber dennoch sehr vielfältiges Soulfood aus dem orientalischen Raum. Ob für Haut, Knochen, Augen oder sogar fürs Herz – Tomaten sind ein wahrhaftig unterschätztes Superfood. Wenn es für ein Dinner mit Freunden mal schnell gehen soll, dann serviere dieses Gericht. Dazu ein Glas Rotwein, das kann nur ein Stimmungsbooster sein!

EIFREIES SHAKSHUKA MIT BRATKARTOFFELN

FÜR 2–3 PERSONEN

5 kleine Kartoffeln
3 EL Olivenöl
1 weiße Zwiebel
2 Knoblauchzehen
1 grüne (oder gelbe) Chilischote
8 mittelgroße Tomaten
1 Spitzpaprika
4 Datteln (z. B. Medjool, ohne Stein)
400 ml geschälte italienische Tomaten (Dose, am besten Bio)

1 TL gemahlener Zimt
1 TL geräuchertes Paprikapulver
1 TL gemahlener Kreuzkümmel
1 TL Salz
1 TL Hefeflocken
1 TL italienische Kräuter
1 TL getrockneter Rosmarin
150 g Kichererbsen (Glas)
1 Handvoll Petersilie
frisch gemahlener Pfeffer
Abrieb von ½ Bio-Zitrone

1 Die Kartoffeln schälen und in dünne Scheiben schneiden. 1 EL Öl in einer beschichteten Pfanne erhitzen und die Kartoffeln darin anbraten. Deckel auflegen, 10 Minuten braten und gelegentlich wenden. Bei Bedarf noch etwas Olivenöl zufügen, damit sie nicht anbrennen.

2 Inzwischen Zwiebel und Knoblauchzehen schälen und fein hacken. Chilischote waschen, putzen und ebenfalls klein hacken. Die Tomaten waschen, putzen und in Scheiben schneiden. Die Paprika putzen, waschen und klein schneiden. Die Datteln klein würfeln.

3 In einer weiteren Pfanne das restliche Olivenöl erhitzen und Zwiebel, Knoblauch und Chili 5 Minuten anbraten. Die Tomatenscheiben und Paprika dazugeben, weiterbraten und etwas Flüssigkeit verdampfen lassen. Datteln, geschälte Tomaten, Zimt, Paprikapulver und Kreuzkümmel hinzufügen. Alles vermischen und zugedeckt 7–8 Minuten köcheln lassen.

4 Die Kartoffeln mit Salz, Hefeflocken, italienischen Kräutern und Rosmarin würzen und weitere 10 Minuten ohne Deckel braten, bis die Kartoffeln den gewünschten Bräunungsgrad erreicht haben.

5 Die Kichererbsen abspülen und abtropfen lassen. Zum Shakshuka geben und offen weitere 6 Minuten köcheln lassen. Vom Herd nehmen und kurz nachziehen lassen.

6 Die Petersilie waschen, trocken schütteln und grob hacken. Das Shakshuka mit den Bratkartoffeln, der Petersilie, frisch gemahlenem Pfeffer und etwas Zitronenschale servieren.

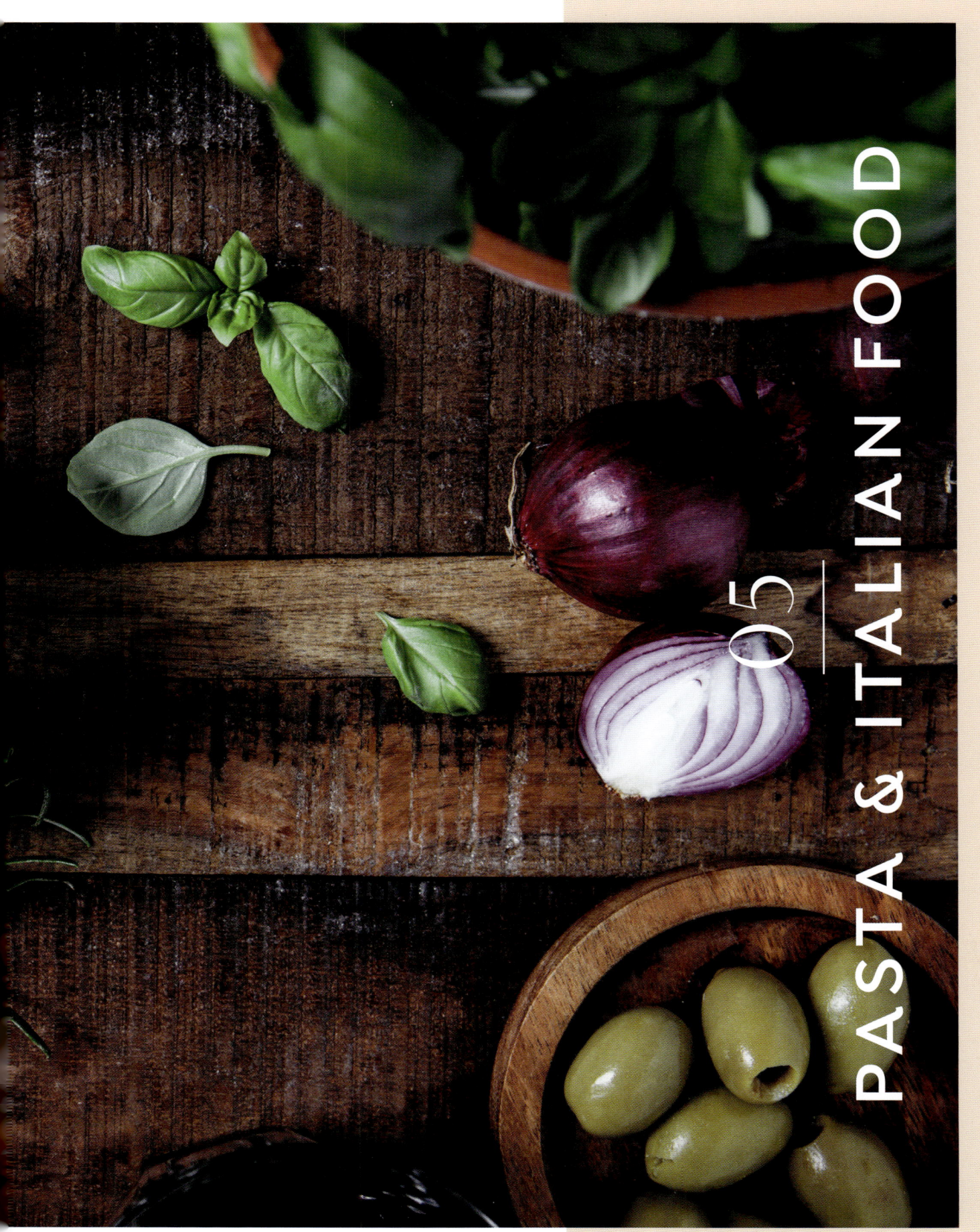

05

PASTA & ITALIAN FOOD

Für ein Picknick, einen heißen Sommerabend auf der Terrasse oder zum Einpacken für unterwegs – dieser Salat lässt sich in so vielen Situationen genießen, dass man ihn am liebsten immer griffbereit im Kühlschrank stehen haben möchte!

KALTER
PASTASALAT

FÜR 2 PERSONEN

250 g Vollkorn-Fusilli oder -Penne
(nach Belieben glutenfrei)

Salz

4 EL Olivenöl

200 g Kirschtomaten

1 Brokkoli

1 rote Paprika

1 rote Zwiebel

3 Knoblauchzehen

3 TL getrocknete italienische Kräuter
(Rosmarin, Thymian, Oregano)

Pfeffer

2 EL Pinienkerne

15 schwarze Oliven

6 getrocknete Tomaten
(in Öl)

5 getrocknete Trockenpflaumen

2 EL Kapern

2 EL grünes Pesto

Saft von ½ Zitrone

1 Handvoll Basilikumblätter

1 Die Fusilli in reichlich kochendem Salzwasser al dente kochen. Abgießen, abtropfen lassen und mit 2 EL Olivenöl vermischen. Im Kühlschrank abkühlen lassen.

2 Inzwischen den Backofen auf 200 °C (Umluft) vorheizen. Die Tomaten waschen und halbieren. Den Brokkoli waschen, putzen und in kleine Röschen teilen. Die Paprika putzen, waschen und klein schneiden. Die Zwiebel schälen und in Ringe schneiden. Alles auf dem Backblech verteilen, mit den Knoblauchzehen, Kräutern, dem restlichen Olivenöl, Salz und Pfeffer vermischen. Im heißen Ofen (Mitte) 30–35 Minuten backen. Anschließend abkühlen lassen. Den Knoblauch aus der Schale drücken und unter das Gemüse mischen.

3 Inzwischen die Pinienkerne in einer Pfanne ohne Fett rösten. Beiseitestellen. Die Oliven ggf. entsteinen und klein schneiden. Die getrockneten Tomaten abtropfen lassen, das Öl dabei auffangen und die Tomaten klein schneiden. Die Pflaumen ebenfalls klein schneiden.

4 Die Pasta mit dem Ofengemüse vermischen. Die Oliven, getrockneten Tomaten, Pflaumen, Kapern und das Pesto untermischen. Mit dem aufgefangenen Öl, Zitronensaft, Salz und Pfeffer abschmecken.

5 Den Pastasalat mit Basilikum und Pinienkernen servieren.

TIPP

Den Pastasalat über Nacht im Kühlschrank durchziehen lassen. Am nächsten Tag schmeckt er NOCH besser!

PASTA & ITALIAN FOOD

Semplice, ma buona! Man kriegt das Mädchen aus Italien raus, aber nicht Italien aus dem Mädchen! Wenn ich diese Pasta mache, denke ich zurück an meine Mutter, wie sie jahrelang jeden Abend für uns eines ihrer traumhaft deliziösen italienischen Gerichte zauberte! Sich einfach mal wieder wie in Italien fühlen!

LIEBLINGS-
ROTWEIN-PASTA

FÜR 2 PERSONEN

1 rote Zwiebel
3 Knoblauchzehen
300 g Kirschtomaten
6 getrocknete Tomaten
1 Chilischote
1 EL Pinienkerne
3 EL Olivenöl
Salz
3 EL Pesto Rosso
1–2 EL Tomatenmark
3–4 EL passierte Tomaten
2 EL Aceto balsamico
2 EL Kokosblütenzucker
2 TL getrocknete italienische Kräuter
(Rosmarin, Oregano, Thymian)

250 g Vollkorn-Spaghetti
(nach Belieben glutenfrei)

10 schwarze Oliven (ohne Stein)
2 TL kleine Kapern (nach Belieben)
1 EL Olivenpaste (nach Belieben)
1 Schuss Rotwein (trocken)
Pfeffer
10 Basilikumblätter

1 Zwiebel und Knoblauchzehen schälen und fein hacken. Die Kirschtomaten vierteln und die getrockneten Tomaten klein schneiden. Die Chilischote putzen, waschen und klein hacken. Die Pinienkerne in einer Pfanne ohne Fett rösten.

2 In einer großen Pfanne das Olivenöl erhitzen und Zwiebel und Knoblauch mit Salz darin anschwitzen. Das Pesto, Tomatenmark und die passierten Tomaten dazugeben und 5 Minuten zugedeckt bei niedriger Hitze köcheln lassen. Zwei Drittel der Kirschtomaten zufügen. Balsamico, Zucker, Chili und Kräuter dazugeben. Bei geschlossenem Deckel weitere 15 Minuten bei niedriger Hitze köcheln lassen.

3 Die Spaghetti in reichlich kochendem Salzwasser al dente kochen. Dann eine Schöpfkelle Nudelwasser entnehmen und in einer Schüssel beiseitestellen.

4 Die Oliven und die getrockneten Tomaten zur Sauce geben, nach Belieben die Kapern und die Olivenpaste ebenfalls zufügen. Den Rotwein dazugießen und die Sauce 3 Minuten mit offenem Deckel köcheln. Einen Schuss vom Nudelwasser dazugeben.

5 Die Hitze erhöhen und die gekochten Spaghetti in die Pfanne geben und alles unter Rühren anbraten.

6 Auf zwei Tellern anrichten und mit Pfeffer würzen. Die restlichen Tomaten darübergeben und mit Pinienkernen und frischem Basilikum bestreut servieren.

CREAMY SPAGHETTI MIT WEISSWEINSAUCE

FÜR 2 PERSONEN

200 g Champignons
½ Zucchini
1 weiße Zwiebel
3 Knoblauchzehen
20 g Pinienkerne
250 g Spaghetti
Salz
2 EL Olivenöl
2 TL getrocknete italienische Kräuter
½ TL Peperoncino
(alternativ Chiliflocken)
1 Schuss Weißwein
100 ml pflanzliche Creme Cuisine
(z. B. Soja oder Hafer)
2 EL Hefeflocken
frisch gemahlener Pfeffer
1 Handvoll Basilikumblätter

1 Die Pilze putzen und klein würfeln. Die Zucchini waschen, putzen und raspeln. Zwiebel und Knoblauchzehen schälen und fein hacken. Die Pinienkerne in einer Pfanne ohne Fett rösten.

2 Die Spaghetti in reichlich Salzwasser al dente kochen. Abgießen und etwas Kochwasser auffangen.

3 In einer Pfanne das Öl erhitzen und Zwiebel, Knoblauch, Kräuter und Peperoncino darin anschwitzen. Salzen. Die Pilze zufügen und bei kleiner Hitze braten, bis sie etwas geröstet sind. Die Zucchini dazugeben und alles 6–7 Minuten anbraten. Mit dem Weißwein ablöschen und die Flüssigkeit etwas verdampfen lassen. Die Creme Cuisine untermischen und die Hefeflocken zufügen. Bei mittlerer Hitze köcheln, bis die Sauce cremig ist.

4 Die gekochte Pasta unterrühren und bei Bedarf etwas Nudelwasser untermischen. Ordentlich mit Pfeffer würzen.

5 Die Spaghetti mit Pinienkernen, Basilikumblättern und frisch gemahlenem Pfeffer servieren.

Mehr ist mehr! Für mich kann eine Pasta eigentlich nie genügend Zutaten haben, die ich lecker finde. Diese Variante ist cremig und voller gutem Gemüse, dennoch schmeckt sie leicht, und der Weißwein gibt ihr einen frischen Touch!

30 MINUTEN

ZUBEREITUNGSZEIT

MAMAS GRÜNE KRÄUTER-SPAGHETTI

FÜR 2 PERSONEN

250 g Spaghetti
(nach Belieben glutenfrei)
Salz
1 Bund Petersilie
1 Handvoll Thymian
1 Handvoll Salbei
1 Bund Basilikum
1 Handvoll Rosmarin
4 mittelgroße Tomaten
4 Knoblauchzehen
grobes Salz
3 EL Olivenöl
Pfeffer

Außerdem
Basilikumblätter zum Servieren

1 Die Spaghetti in reichlich Salzwasser al dente kochen. Abgießen und abtropfen lassen.

2 Die Kräuter waschen, trocken schütteln und fein hacken. Die Tomaten waschen und die Stielansätze entfernen. Tomaten in kochendem Wasser einige Sekunden blanchieren, kalt abschrecken, schälen und klein würfeln. Die Knoblauchzehen schälen und klein hacken. Mit grobem Salz mischen und dabei mit einem Messer zerreiben, bis eine Art Brei entsteht.

3 Kräuter, Tomaten und Knoblauch in einer großen Schüssel mischen. Die gekochten Nudeln unterheben.

4 Das Olivenöl in einem kleinen Topf heiß werden lassen (Vorsicht, nicht anbrennen lassen!) und anschließend langsam über die Pasta gießen. Mit Salz und Pfeffer abschmecken.

5 Die Kräuter-Spaghetti mit frischen Basilikumblättern servieren.

Wenn ich an meine Kindheit in unserer venezianischen Küche denke, kommt mir immer ein ganz spezieller Geruch in den Sinn: der Moment, an dem meine Mama das heiße Olivenöl über die Kräuter-Spaghetti goss. Der gesamte Raum duftete plötzlich intensiv nach den verschiedensten Kräutern, und dann wusste ich: Es gibt meine Lieblingspasta zum Abendessen!

30 MINUTEN

ZUBEREITUNGSZEIT

PASTA & ITALIAN FOOD

Ich nenne es die „Nudel-Torte", als Hommage an die Mutter meines
besten Freundes, die uns als Kinder tatsächlich eine solche Torte zauberte.
Natürlich würden jedem echten Italiener beim Anblick die Augen bluten,
aber als Kind interessiert einen so was nicht … Ich habe das Rezept ver-
ändert, sodass es meiner Vorstellung von einem Comfort Food entspricht.

ONE POT
MUSHROOM PASTA BAKE

FÜR 2–3 PERSONEN

1 große weiße Zwiebel
200 g Champignons
2 EL vegane Butteralternative
(alternativ Olivenöl)

1 EL Kokosblütenzucker
950 ml Gemüsebrühe
1 EL getrocknete italienische Kräuter
(Thymian, Rosmarin, Oregano,
Aglio e Olio)

400 g Fusilli (nach Belieben
glutenfrei)

Für die Sauce
¼ Blumenkohl
Salz
200 ml Kokosmilch
1 TL Zwiebelpulver
1 TL edelsüßes Paprikapulver
3 EL Hefeflocken
1 EL Sojasauce
1 Handvoll Cashewkerne
2 Knoblauchzehen
½ TL frisch gemahlene Muskatnuss
Saft von ½ Zitrone
Pfeffer

Außerdem
Auflaufform
veganer Streukäse („Parmesan")
oder Hefeflocken (nach Belieben)

1 Den Backofen auf 200 °C (Ober-/Unterhitze) vorheizen.

2 Die Zwiebel schälen und fein hacken. Die Champignons putzen und in Scheiben schneiden.

3 In einem Topf die Butter erhitzen und Zwiebel zugeben. Den Zucker darüberstreuen und die Zwiebeln karamellisieren lassen. Die Pilze zufügen und rundherum anbraten. Mit 250 ml Gemüsebrühe ablöschen. Die Kräuter zufügen und alles 5–7 Minuten köcheln lassen.

4 Die restliche Gemüsebrühe in einen Topf geben und aufkochen lassen. Die Fusilli zugeben und nach Packungsanleitung sehr al dente kochen. Abgießen und abtropfen lassen.

5 Inzwischen den Blumenkohl putzen, waschen und grob zerkleinern. In etwas Salzwasser weich kochen. Abgießen und mit Kokosmilch, Zwiebelpulver, Paprikapulver, Hefeflocken, Sojasauce und Cashewkernen in einen Mixer geben. Die Knoblauchzehen schälen und ebenfalls zufügen. Alles zu einer cremigen Masse pürieren. Mit Muskatnuss, Zitronensaft, Salz und Pfeffer abschmecken. Gründlich mit den Nudeln und der Pilzmischung vermischen und in der Auflaufform verteilen. Nach Belieben mit veganem Streukäse oder Hefeflocken bestreuen und im heißen Backofen (Mitte) 25–30 Minuten backen.

6 Vor dem Servieren 10 Minuten abkühlen lassen.

Die klassisch italienische Caponata sieht etwas anders aus, ich weiß! Aber wer wäre ich, wenn ich meine liebsten Gerichte nicht etwas abändern würde? Ich liebe die süße Note auch in deftigen Gerichten und du vielleicht bald ebenso!

CAPONATA – ELENA-STYLE

FÜR 2 PERSONEN

3 Schalotten
3 Knoblauchzehen
1 Zucchini
2 Spitzpaprika
6 getrocknete Tomaten (in Öl)
2 Datteln (Medjool, ohne Stein)
10 grüne Oliven (ohne Stein;
alternativ schwarze oder gemischt)

3 EL Olivenöl
Salz
3 EL Sojasauce
Chiliflocken
1 EL Kapern
Pfeffer

1 Schalotten und Knoblauchzehen schälen und fein hacken. Zucchini und Paprika putzen, waschen und klein würfeln. Die getrockneten Tomaten abtropfen und klein schneiden. Datteln und Oliven ebenfalls klein schneiden.

2 Das Öl in einer Pfanne erhitzen und Zwiebel und Knoblauch darin anschwitzen, salzen. Zucchini und Paprika zufügen und rundherum gut anbraten. Die Sojasauce und Chiliflocken dazugeben und bei niedriger Hitze zugedeckt ca. 10 Minuten garen. Zwischendurch umrühren.

3 Die Tomaten, Datteln, Oliven und Kapern untermischen. Weitere 10 Minuten köcheln lassen. Mit Salz und Pfeffer abschmecken.

TIPP

Caponata wird kalt als Antipasto serviert. So schmeckt es mir auch am besten! Dazu die Caponata am Vorabend zubereiten und im Kühlschrank lagern. Du kannst sie natürlich auch warm als Beilage essen.

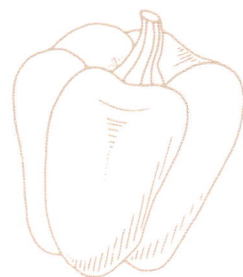

Knusprig, einfach und ausgewogen! So müssten Gnocchi immer sein, oder? Dieses Gericht ist für einen entspannten längeren Abend mit Freunden, die Lust auf eine ganz einfache und schnelle Koch-Session zum Abendessen haben. Viel Spaß beim Kneten und beim Probieren der unwiderstehlichen Sauce meiner Mama!

KNUSPRIG GEBRATENE GNOCCHI MIT TOMATENSUGO

FÜR 2 PERSONEN

Für die Gnocchi

500 g mehligkochende
Kartoffeln

Salz

250 g Hafermehl (alternativ
anderes glutenfreies Mehl)

1–2 EL Olivenöl

Für die Sauce

1 weiße Zwiebel

4 Knoblauchzehen

1 große Zucchini

200 g Kirschtomaten

4 EL Olivenöl

1 TL Peperoncino
(alternativ Chiliflocken)

Salz
Pfeffer
1 Handvoll Petersilie

1 Für die Gnocchi die Kartoffeln waschen, in einen Topf geben und mit Wasser bedecken. Salzen und zugedeckt bei mittlerer Hitze 25–30 Minuten gar kochen.

2 Die Kartoffeln abgießen, ausdampfen lassen und noch heiß schälen. Mit einem Kartoffelstampfer klein stampfen. Die Masse leicht salzen und nach und nach so viel Mehl unterkneten, bis ein glatter, homogener Teig entsteht. Nicht zu viel Mehl unterkneten, sonst wird der Teig zäh.

3 Den Teig vierteln und mit bemehlten Händen vorsichtig zu 2 cm dicken Rollen formen. Diese in ca. 4 cm breite Stücke schneiden. Nach Belieben für die typische Gnocchi-Form die Teigstücke mit einem Gabelrücken leicht eindrücken. Dann auf ein bemehltes Brett geben.

4 Das Öl in einer beschichteten Pfanne erhitzen und die Gnocchi darin rundherum goldbraun anbraten. Auf einen Teller geben und beiseitestellen.

5 Für die Sauce Zwiebel und Knoblauchzehen schälen und fein hacken. Die Zucchini waschen, putzen, der Länge nach halbieren und in Scheiben schneiden. Die Tomaten waschen und halbieren.

6 In der Gnocchi-Pfanne 2 EL Öl erhitzen und die Hälfte des Knoblauchs anschwitzen. Die Tomaten zugeben und 15 Minuten offen schmoren lassen, bis sich ein Sugo bildet.

7 Das restliche Öl in einer weiteren Pfanne erhitzen und Zwiebel und restlichen Knoblauch darin anschwitzen. Zucchini und Peperoncino dazugeben und anbraten. Das Gemüse und die Gnocchi zum Sugo geben und alles noch einmal scharf anbraten. Mit Salz und Pfeffer abschmecken.

8 Die Petersilie waschen, trocken schütteln und fein hacken. Die Gnocchi mit Petersilie servieren.

PASTA & ITALIAN FOOD

Mit Ricotta gefüllte Cannoli waren als Kind meine absolute Lieblings-
süßigkeit! Erst Jahre später habe ich dann auch Cannelloni entdeckt, die
dem sizilianischen Gebäck ähneln. Seit ich mich vegan ernähre, muss ich
leider auf Ricotta verzichten … aber warum eigentlich? Veganer Ricotta
geht sehr wohl und mir schmeckt er mittlerweile mindestens genauso gut!

SPINAT-„RICOTTA"-CANNELLONI

FÜR 2 PERSONEN

300 g TK-Spinat
1 Schalotte
5 EL Olivenöl
Salz
Pfeffer
200 g Tofu
40 ml Pflanzendrink
4 EL Hefeflocken
Saft von ½ Zitrone
1 TL Knoblauchpulver
½ TL frisch geriebene Muskatnuss
150 g Cannelloni (ohne Vorkochen, alternativ große Rigatoni)
400 ml geschälte italienische Tomaten (Dose)
1 EL getrocknete italienische Kräuter (Rosmarin, Oregano, Thymian)
Chiliflocken
1 Handvoll Basilikumblätter

Außerdem
Auflaufform
Öl für die Form
Spritzbeutel

1 Den Spinat in einen Topf geben und bei mittlerer Hitze auftauen. Herausnehmen und die überschüssige Flüssigkeit in einem Sieb ausdrücken. Die Schalotte schälen und fein hacken. 2 EL Olivenöl im Topf erhitzen und die Schalotte darin anschwitzen. Den Spinat zugeben und anbraten. Mit Salz und Pfeffer würzen. Vom Herd nehmen.

2 Den Tofu grob zerkleinern und in einem Mixer mit Pflanzendrink, 2 EL Hefeflocken, dem restlichen Olivenöl, Zitronensaft, Salz, Pfeffer, Knoblauchpulver und Muskat zu einer cremigen Masse pürieren. Wenn die Masse nicht cremig genug ist, etwas mehr Pflanzendrink zufügen. Die Tofucreme mit dem Spinat verm schen. Nochmals abschmecken.

3 Den Backofen auf 180 °C (Ober-/Unterhitze) vorheizen. Die Auflaufform ausfetten. Die Spinatmischung in einen Spritzbeutel mit breiter Lochtülle füllen und in die Cannelloni spritzen. Die Nudeln in der Form verteilen. Die geschälten Tomaten darübergeben, mit Kräutern, Chiliflocken und den restlichen Hefeflocken bestreuen. Mit Salz und Pfeffer würzen.

4 Im heißen Backofen (Mitte) 30 Minuten backen. Dann herausnehmen und mit frischem Basilikum servieren.

TIPP

Wenn du keine Cannelloni füllen möchtest, kannst du auch Lasagneblätter verwenden. Einfach ohne Vorkochen mit der Spinat-Tofu-Creme und den Tomaten in die Form schichten. Mit Hefeflocken bestreuen und nach Packungsanleitung 30–45 Minuten backen. Herausnehmen, ruhen lassen und mit frischem Basilikum garnieren.

PASTA & ITALIAN FOOD

Meine Mutter hat, solange ich denken kann, wirklich immer schon fantastische vegetarische Pasta gekocht! Wir haben nie viel Fleisch gegessen, schon gar nicht in unseren geliebten Pastagerichten. Meine Mama wusste immer, wie sie das tolle italienische Gemüse auf eine simple, aber unfassbar geschmacksintensive Art und Weise in Szene setzen musste!

MAMAS
VEGGIE-PASTA

FÜR 2 PERSONEN

300 g Penne
Salz
1 rote Zwiebel
5 Knoblauchzehen
2 cm frischer Ingwer
1 getrocknete Peperoncino
1 Zucchini
5 Brokkoliröschen
300 g Kirschtomaten
6 EL Olivenöl
Pfeffer
1 Handvoll Petersilie

1 Die Penne nach Packungsanleitung in reichlich Salzwasser al dente kochen. Etwas Kochwasser abschöpfen und beiseitestellen. Nudeln abgießen und abtropfen lassen.

2 Inzwischen die Zwiebel, Knoblauch und Ingwer schälen. Zwiebel und Ingwer fein hacken. 1 Knoblauchzehe klein hacken und zur Zwiebel geben, die restlichen ebenfalls fein hacken. Die Peperoncino klein hacken. Die Zucchini waschen, putzen, halbieren und in Scheiben schneiden. Die Brokkoliröschen waschen und fein schneiden. Die Tomaten waschen und halbieren.

3 In einer Pfanne 3 EL Olivenöl erhitzen. Die Zwiebel, 1 Knoblauchzehe und Peperoncino zugeben und bei mittlerer Hitze 4 Minuten anbraten. Zucchini und Brokkoli dazugeben und weitere 10 Minuten anbraten.

4 In einer weiteren Pfanne das restliche Olivenöl erhitzen, den restlichen Knoblauch, Ingwer und Tomaten zufügen und ebenfalls 10 Minuten bei mittlerer Hitze köcheln lassen.

5 Alles in einer Pfanne vermischen. Die gekochten Nudeln und etwas Pastawasser dazugeben und alles noch einmal 3–4 Minuten scharf anbraten. Mit Salz und Pfeffer würzen.

6 Die Petersilie waschen, trocken schütteln und grob hacken. Die Veggie-Pasta mit Petersilie bestreut servieren.

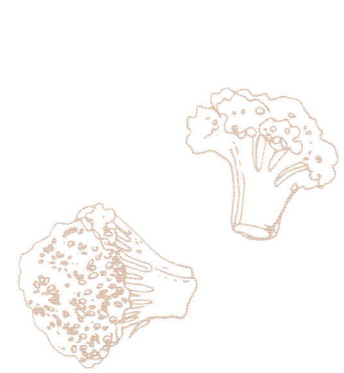
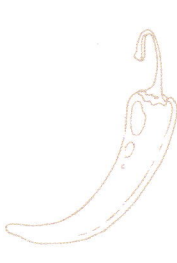
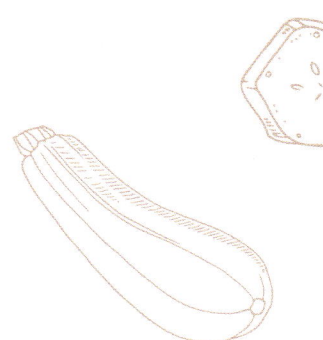

06

SALATE & SUPPEN

Spargel und Erdbeeren: eine unterschätzte Kombination! Dieser leichte Frühlingssalat ist auf so vielen Ebenen befriedigend: Er kühlt deinen Körper und nährt ihn gleichzeitig mit vitalen Stoffen. Der Spargel entgiftet, Quinoa erdet dich und die Erdbeeren stocken deinen Vitaminhaushalt auf.

SPARGEL-QUINOA-SALAT MIT ERDBEEREN

FÜR 2 PERSONEN

400 g weißer Spargel
Salz
Saft von 1 Zitrone
20 g Kokosblütenzucker
200 g rote Quinoa
400 ml Gemüsebrühe
20 g Sonnenblumenkerne
1 kleine rote Zwiebel
3 Knoblauchzehen
4 cm frischer Ingwer
1 EL Olivenöl
3 EL Sojasauce
1 TL getrockneter Thymian
Pfeffer
300 g Erdbeeren
5 Minzblätter

Für die Sauce

3 EL weißes Mandelmus
2 EL Tahin (Sesammus)
2 EL Weißweinessig
2 EL Dijonsenf
2 EL Ahornsirup
1 EL Olivenöl
Salz
Pfeffer

1 Den Spargel schälen und die holzigen Enden entfernen. Einen Topf mit reichlich Salzwasser zum Kochen bringen. Den Spargel schräg in 3–4 cm lange Stücke schneiden. Mit dem Zitronensaft und 1 EL Kokosblütenzucker ins Wasser geben und ca. 4 Minuten garen. Abgießen und abtropfen lassen.

2 Die Quinoa in einem Sieb unter fließendem Wasser abspülen. Mit Gemüsebrühe aufkochen und 15 Minuten bei kleiner Hitze köcheln lassen. Zugedeckt 5 Minuten ausquellen lassen.

3 Die Sonnenblumenkerne in einer Pfanne ohne Fett rösten.

4 Die Zwiebel, Knoblauchzehen und Ingwer schälen und fein hacken. In einer Pfanne das Öl erhitzen und Zwiebel, Knoblauch und Ingwer darin anschwitzen. Den Spargel zugeben und kurz anbraten. Die Quinoa, restlichen Kokosblütenzucker, Sojasauce und Thymian zufügen und alles gut vermischen. Mit Pfeffer würzen.

5 Für die Sauce alle Zutaten verquirlen und mit dem Spargel-Quinoa-Salat mischen. Die Erdbeeren waschen, putzen und vierteln.

6 Die Erdbeeren vorsichtig unter den Salat mischen, alles auf einen großen Teller geben und mit Minze und Sonnenblumenkernen garnieren.

Diese Kombination an Zutaten ist eine meiner Favoriten! Ich liebe es, alle fünf Geschmacksrichtungen in einem Gericht zu vereinen. Das nährt den Körper am besten. Die süße Note durch die Trockenfrüchte, die knackigen Nüsse und die unglaublich vielen guten Nährstoffe aus dem Gemüse runden den Salat perfekt ab.

LAUWARMER SÜSSKARTOFFEL-SPINAT-SALAT

FÜR 1 GROSSE SCHÜSSEL

1 große Süßkartoffel
100 g TK-Edamame
2 Rote Beten (vakuumiert)
4 getrocknete Feigen
1 kleiner Apfel
250 g Baby-Blattspinat
30 g Walnusskerne
50 g Cranberrys

Für die Sauce
2 EL Olivenöl
3 EL weißes Tahin (Sesammus)
1 EL Honig (alternativ Ahornsirup)
1 TL Knoblauchpulver
1 TL gemahlener Kreuzkümmel
1 Spritzer Zitronensaft
Salz
Pfeffer

Außerdem
Olivenöl

1 Den Backofen auf 200 °C (Ober-/Unterhitze) vorheizen. Ein Backblech mit Öl einpinseln. Die Süßkartoffel gründlich waschen, nach Belieben schälen und klein schneiden. Auf dem Backblech verteilen und ca. 25 Minuten backen.

2 Die Edamame in eine Schüssel geben, mit heißem Wasser übergießen und 10 Minuten auftauen lassen. Abgießen und abtropfen lassen. Die Rote Beten und Feigen klein würfeln. Den Apfel waschen, halbieren, putzen und in dünne Scheiben schneiden. Den Spinat verlesen, waschen und trocken schütteln. Die Walnüsse grob hacken und in einer Pfanne ohne Fett rösten.

3 Für die Sauce alle Zutaten vermischen und mit Zitronensaft, Salz und Pfeffer abschmecken.

4 Edamame, Rote Bete, Feigen, Apfel und Spinat in einer großen Schüssel mit der Sauce vermengen. Die Süßkartoffel vorsichtig unterheben. Nochmals abschmecken. Mit Cranberrys und Walnüssen garniert servieren.

Quinoa ist eines dieser wertvollen Getreide, die dich erden und emotional ruhig machen. Deinen Körper versorgt sie mit Energie und wertvollen Proteinen und du kannst sie mit so gut wie allen Lebensmitteln kombinieren! Dieser warme Salat bietet sich sowohl im Frühling als auch im Sommer als gesunde Mahlzeit perfekt an.

WARMER QUINOASALAT MIT PEKANNÜSSEN

FÜR 2 PERSONEN

200 g bunte Quinoa
400 ml Gemüsebrühe
100 g Feldsalat
50 g Rucola
1 mittelgroße Bio-Salatgurke
200 g Kirschtomaten
4 Gewürzgurken
6 getrocknete Tomaten (in Öl)
15 grüne Oliven (ohne Stein)
100 g TK-Edamame
1 Handvoll Minzblätter
1 EL Kokosöl
20 g Pekannusskerne
1 EL Ahornsirup
1 TL gemahlener Kardamom

Für die Sauce

1 EL Weißweinessig
1 EL Reissirup
2 EL Sesamöl
1 EL Zitronensaft
Salz
Pfeffer

1 Quinoa in einem Sieb unter fließendem heißem Wasser abspülen. Dann mit Gemüsebrühe einmal aufkochen und 15 Minuten bei kleiner Hitze köcheln. Den Herd ausschalten und zugedeckt 5 Minuten ausquellen lassen.

2 Inzwischen den Feldsalat und Rucola verlesen, waschen und gründlich trocken schütteln. Salatgurke und Tomaten waschen und klein würfeln. Die Gewürzgurken, getrockneten Tomaten und Oliven ebenfalls klein schneiden. Die Edamame mit kochendem Wasser übergießen und auftauen lassen. Die Minze waschen, trocken schütteln und grob hacken.

3 Das Kokosöl in einer Pfanne schmelzen. Die Nüsse, Ahornsirup und Kardamom zugeben. Bei mittlerer Hitze rühren, bis die Nüsse anfangen aneinanderzukleben. Vom Herd nehmen.

4 Für die Sauce alle Zutaten verquirlen und mit Salz und Pfeffer abschmecken.

5 Den Salat mit Gemüse und Edamame auf zwei große Schüsseln verteilen. Die Quinoa dazugeben. Die Sauce darübergeben und alles gut vermischen. Mit den karamellisierten Nüssen und der Minze garnieren.

Brokkoli – mein absolutes Lieblingsgemüse! Wie konnte ich es als Kind bloß außer Acht lassen? Zum Glück wurde dieses grüne Wunder in den letzten Jahren wieder so in den Vordergrund gerückt, dass man nahezu alle möglichen Kombinationen ausprobieren kann. Lass dich mit diesem Rezept von seiner rohen Natur inspirieren.

ROHER BROKKOLISALAT

FÜR 1 GROSSE BOWL

50 g Walnusskerne
250 g Brokkoli
1 Bio-Zitrone
2 saftige Birnen
20 g Rosinen
150 g Sprossen

Für die Sauce

2 EL Olivenöl
2 TL Honig (alternativ Ahornsirup)
2 EL pflanzliche Joghurtalternative
(z. B. Soja)

1 TL Apfelessig
1 TL mittelscharfer Senf
Salz
Pfeffer

1 Die Walnüsse grob hacken und in einer Pfanne ohne Fett rösten.

2 Den Brokkoli waschen, putzen und in kleine Röschen teilen. Den Stiel schälen und mit den Röschen ganz fein hacken. Die Zitrone heiß waschen, die Schale abreiben und den Saft auspressen. Den Saft mit dem Brokkoli mischen und ziehen lassen.

3 Die Birnen waschen, halbieren, putzen und in feine Streifen schneiden. Für die Sauce alle Zutaten verquirlen.

4 Brokkoli, Birnen, Rosinen und die Sauce vorsichtig vermengen und 15 Minuten ziehen lassen.

5 Zum Servieren mit dem Zitronenabrieb und den Sprossen garnieren.

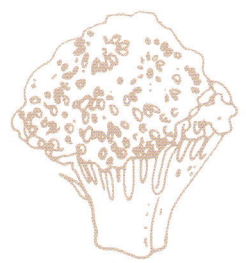
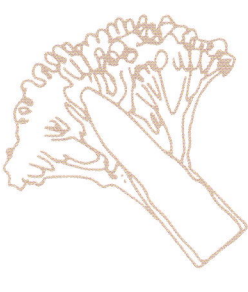

30 MINUTEN ZUBEREITUNGSZEIT

25 MINUTEN ZUBEREITUNGSZEIT

Suppen sind mit Abstand das Beste für deinen Magen-Darm-Trakt! Auch was die Laune angeht, haben sie Qualitäten: Sie erden dich, geben dir ein warmes Gefühl im Bauch und beruhigen ein gestresstes Gemüt. Geh experimentierfreudig an sie heran und probiere das aus, was du liebst! Für den Einstieg hier eine meiner Lieblingssuppen mit meinem Lieblingsgemüse.

BROKKOLI-KOKOS-SUPPE

FÜR 2 PERSONEN

250 g Brokkoli
1 kleine rote Zwiebel
3 cm frischer Ingwer
2 Knoblauchzehen
1 EL Kokosöl
100 g TK-Erbsen
400 ml Gemüsebrühe
200 ml Kokosmilch
½ TL Chilipulver
Salz
Pfeffer
3 EL Cashewkerne
1 TL Limettensaft
2 EL Hefeflocken

1 Den Brokkoli waschen, putzen und in Röschen teilen. Den Stiel schälen und grob würfeln.

2 Zwiebel, Ingwer und Knoblauchzehen schälen und fein hacken.

3 Das Kokosöl in einem Topf erhitzen und Zwiebel, Knoblauch und Ingwer danrin anschwitzen. Den Brokkoli und die Erbsen dazugeben und alles ca. 5 Minuten anbraten. Mit Gemüsebrühe und Kokosmilch aufgießen und mit Chilipulver, Salz und Pfeffer würzen. Zugedeckt bei kleiner Hitze 15 Minuten köcheln lassen.

4 Inzwischen die Cashewkerne klein hacken und in einer beschichteten Pfanne ohne Öl bei kleiner Hitze rösten. Die Suppe mit einem Pürierstab fein mixen. Mit dem Limettensaft und den Hefeflocken abschmecken. Mit den Cashewkernen garniert servieren.

NO WASTE-KÜRBISSUPPE

FÜR 2 PERSONEN

½ Hokkaido-Kürbis
1 weiße Zwiebel
3 Knoblauchzehen
3 cm frischer Ingwer
2 EL Sesamöl
Salz
1 EL rote Chilipaste
(alternativ gelbe Chilipaste)
250 ml Gemüsebrühe
1 Dose Kokosmilch (400 ml)
2 EL Orangensaft
1 EL Ahornsirup
Pfeffer
1 Handvoll Petersilie

1 Den Kürbis waschen, putzen und entkernen. Die Kerne ebenfalls waschen und gründlich trocknen. Das Kürbisfruchtfleisch grob würfeln. Zwiebel, Knoblauchzehen und Ingwer schälen und fein hacken.

2 In einem großen Topf das Öl erhitzen und Zwiebel, Knoblauch und Ingwer darin anschwitzen. Ein wenig salzen.

3 Die Chilipaste und den Kürbis zufügen und kurz anbraten. Mit Gemüsebrühe und Kokosmilch aufgießen. Zugedeckt 10–15 Minuten köcheln lassen.

4 Inzwischen die Kerne in einer Pfanne ohne Fett rösten.

5 Die Suppe mit einem Stabmixer cremig pürieren. Mit Orangensaft, Ahornsirup, Salz und Pfeffer abschmecken.

6 Die Petersilie waschen, trocken schütteln und fein hacken. Die Suppe mit gerösteten Kernen, Petersilie und frisch gemahlenem Pfeffer servieren.

SALATE & SUPPEN

Das absolute Springfood! Dein Körper wird vor Freude übersprudeln, wenn du ihn mit diesen stärkenden Stoffen für die Leber und das Herz (die jeweiligen Organe zu den Jahreszeiten) bedienst. Die roten, bitteren sowie fermentierten und eiweißgeladenen Lebensmittel unterstützen deinen Körper von innen heraus.

ROTE-BETE-SALAT MIT LINSEN UND SPROSSEN

FÜR 2 PERSONEN

100 g braune Linsen
Salz
3 Stangen Staudensellerie
2 kleine oder 1 große Endivie
7 Radieschen
4 Gewürzgurken
1 kleine Dose Mais
(Abtropfgewicht 140 g)
1 Handvoll Petersilie
1 große Rote Bete
(vauumiert oder roh)
50 g Sonnenblumenkerne
50 g Kürbiskerne
50 g Sprossen

Für die Sauce
2 EL Olivenöl
20 ml Gemüsebrühe
1 EL Apfelessig
1 EL Honig (alternativ Ahornsirup)
1 EL scharfer Senf
1 TL Currypulver
Salz
Pfeffer

1 Die Linsen abspülen und in 300 ml Wasser ca. 30 Minuten köcheln lassen. Ggf. überschüssiges Wasser abgießen, dann leicht salzen.

2 Die Selleriestangen waschen, putzen und klein würfeln. Den Endiviensalat waschen, putzen, trocken schütteln und in mundgerechte Stücke zupfen. Die Radieschen waschen, putzen und in dünne Scheiben schneiden. Die Gurken klein würfeln. Den Mais abgießen und abspülen. Die Petersilie waschen, trocken schütteln und fein hacken. Alles mit den Linsen in einer großen Schüssel mischen.

3 Die Rote Bete schälen und raspeln (Vorsicht, der Saft färbt stark ab!). Übrigen Saft mithilfe eines Küchenpapiers ausdrücken.

4 Die Kerne in einer beschichteten Pfanne ohne Fett rösten. Für die Sauce alle Zutaten verquirlen.

5 Die Rote Bete und die Sauce zum Salat geben und alles vorsichtig vermischen. Mit den Sprossen und gerösteten Kernen servieren.

SALATE & SUPPEN

Blumenkohl stand früher nie auf meinem Speiseplan, mittlerweile habe
ich das Gemüse vor allem kalt in saftigen Salaten für mich entdeckt. Dieser
Salat schmeckt frisch und knackig, du kannst ihn lauwarm oder auch kalt
servieren.

ORIENTALISCHER BLUMENKOHLSALAT

FÜR 4 PERSONEN

1 Blumenkohl
2–3 EL Olivenöl
4 Knoblauchzehen
Saft von ½ Zitrone
Salz
50 g Mandeln
3 Frühlingszwiebeln
4 Stangen Staudensellerie
1 kleine rote Zwiebel
1 Granatapfel
½ Bund Petersilie

Für die Sauce

100 g ungesüßte pflanzliche
Joghurtalternative
(z. B. Kokos-Mandel)

1 gehäufter EL Tahin
(Sesammus)

1 EL Honig (alternativ Ahornsirup)
Salz
Pfeffer

Außerdem

Backpapier

1 Den Backofen auf 180 °C (Umluft) vorheizen. Ein Backblech mit Backpapier auslegen.

2 Den Blumenkohl putzen, waschen und in kleine Röschen teilen. Mit dem Olivenöl vermischen und auf dem Backpapier verteilen. Die Knoblauchzehen schälen (ganz lassen) und zum Blumenkohl geben. Alles mit dem Zitronensaft beträufeln und mit Salz würzen. Im heißen Backofen (Mitte) ca. 25 Minuten backen. Der Blumenkohl darf noch etwas Biss haben. Herausholen und abkühlen lassen.

3 Inzwischen die Mandeln grob hacken und in einer Pfanne ohne Fett rösten. Beiseitestellen.

4 Frühlingszwiebeln und Staudensellerie waschen und putzen, dann klein schneiden. Die Zwiebel schälen und in Ringe schneiden. Den Granatapfel halbieren und die Kerne herauslösen. Die Petersilie waschen, trocken schütteln und fein hacken.

5 Für die Sauce den Pflanzenjoghurt mit Tahin und Honig verrühren, mit Salz und Pfeffer würzen. Mit dem abgekühlten Blumenkohl vermischen. Die restlichen Zutaten unterrühren und mit Salz und Pfeffer abschmecken. Nach Belieben vor dem Servieren noch etwas durchziehen lassen.

Eine wahre Geschmacksexplosion! Ich habe mich bei der Bowl von meiner wundervollen Lady und tollen Freundin Sofia Tsakiridou inspirieren lassen. Diese feurige Mixtur an Kombinationen haben wir bei unserer letzten Kochsession spontan entwickelt und sie ist seitdem ein Dauerbrenner in meiner Küche. Absolut sättigend, trotz weniger Kohlenhydrate.

KETO-TOFU-BOWL
Á LA SOFIA

FÜR 1 PERSON

1 große weiße Zwiebel
100 g Räuchertofu
2 Knoblauchzehen
3 cm frischer Ingwer
½ Chilischote
½ Brokkoli (alternativ Romanesco)
100 g Salat-Mix
100 g gekochte Linsen (Glas)
1 Handvoll Cashewkerne
1 EL Kokosöl
1 EL Kokosblütenzucker
2 EL Sojasauce
1 TL Sriracha-Sauce
1 TL geräuchertes Paprikapulver
2 EL dunkle Miso-Paste
1 EL Reiswein-Essig (Mirin)
1 TL gemahlener Koriander
1 TL gemahlener Kreuzkümmel
3 EL Tahin (Sesammus)
Saft und Abrieb von 1 Bio-Limette
1 TL Sesamöl
1 TL Gomasio (alternativ Sesam)

Zum Servieren
¼ Salatgurke
1 Frühlingszwiebel
1 Handvoll Minzblätter
50 g fermentiertes Gemüse deiner
Wahl (z. B. Kimchi, Gewürzgurken)
1 Handvoll Sprossen

1 Die Zwiebel schälen und grob würfeln. Den Tofu würfeln. Knoblauchzehen und Ingwer schälen und fein hacken. Die Chilischote putzen, waschen und klein hacken. Den Brokkoli waschen und in Röschen teilen. Den Salat waschen und trocken schütteln. Die Linsen über einem Sieb abspülen und abtropfen lassen. Die Cashewkerne grob hacken.

2 In einer beschichteten Pfanne das Kokosöl schmelzen und die Zwiebel darin 5 Minuten andünsten. Den Kokosblütenzucker darüberstreuen und karamellisieren lassen. Die Hitze erhöhen, den Tofu zugeben und knusprig anbraten. Sojasauce, Sriracha-Sauce, geräuchertes Paprikapulver, Ingwer, Knoblauch und Chili in die Pfanne geben, alles mischen und die Hitze wieder reduzieren. Wenn der Tofu schon leicht knusprig ist, die Linsen dazugeben. Mit Miso-Paste, Essig, Koriander und Kreuzkümmel würzen. Alles gut vermengen und anschließend Tahin, Limettensaft und Cashewkerne untermischen. Nochmal kurz erhitzen und dann vom Herd nehmen.

3 Einen mittleren Topf mit wenig Wasser füllen und dieses zum Kochen bringen. Den Brokkoli zugeben und ca. 3 Minuten dämpfen, bis er gar, aber noch bissfest ist. Abtropfen und mit Sesamöl und Gomasio toppen.

4 In einer Schüssel den Salat-Mix als Basis anrichten, die Tofu-Linsen-Pfanne und den Brokkoli nebeneinander darauf anrichten.

5 Die Gurke waschen und in Streifen schneiden. Die Frühlingszwiebel waschen, putzen und schräg in Streifen schneiden. Die Minze waschen, trocken schütteln und die Blätter abzupfen.

6 Gurke, fermentiertes Gemüse, Sprossen, Frühlingszwiebeln und Minze auf der Bowl anrichten. Mit Limettenabrieb bestreuen. Nach Belieben noch mehr Sesammus darüberträufeln.

SALATE & SUPPEN

Winter, die Jahreszeit der Nieren. In den kalten Monaten ist es überaus wichtig, uns auf unsere Lebensenergie zu fokussieren und diese zu stärken. Die wiederum wird in den Nieren gespeichert. Der Geschmack des Winters ist salzig, seine Farben sind Schwarz, Lila und Dunkelblau. Lebensmittel, die uns die Natur in dieser Saison bietet, nähren uns besonders gut.

KIDNEY-WINTER-BOWL

FÜR 1 PERSON

1 kleine Süßkartoffel
2 EL Olivenöl
1 TL gemahlener Zimt
1 TL gemahlener Kreuzkümmel
Salz
70 g schwarze Quinoa
(alternativ weiße Quinoa)

140 ml Gemüsebrühe
½ Rotkohl
1 Avocado
½ Aubergine
3 EL Ahornsirup
2 EL Sojasauce
100 g Kidneybohnen (Glas,
alternativ schwarze Bohnen)

30 g Walnusskerne
1 Handvoll TK-Heidelbeeren oder
TK-Brombeeren (nach Belieben)

50 g schwarze Oliven (ohne Stein)
2 EL schwarzer Sesam

Für die Sauce
1 Knoblauchzehe
2 cm frischer Ingwer
1 TL rote Currypaste
2 TL Miso-Paste
3 EL Mandelmus
Ahornsirup
Zitronensaft
Salz
Pfeffer

1 Den Backofen auf 180 °C (Umluft) vorheizen. Die Süßkartoffel waschen, nach Belieben schälen und würfeln. Mit 1 EL Olivenöl, Zimt, Kreuzkümmel und 1 TL Salz mischen. Auf dem Backblech verteilen und im heißen Ofen (Mitte) 15 Minuten backen, bis sie gar, aber noch bissfest ist.

2 Die Quinoa unter fließendem heißem Wasser abspülen, abtropfen lassen. Mit der Gemüsebrühe in einen Topf geben, aufkochen und 15 Minuten bei kleiner Hitze köcheln lassen. Zugedeckt 5 Minuten ausquellen lassen.

3 Den Rotkohl vierteln, dabei den Strunk entfernen und den Kohl in sehr feine Streifen schneiden. Die Avocado halbieren, den Kern entfernen und die Hälften mithilfe eines Löffels herauslösen. Eine Hälfte zerdrücken und mit dem Rotkohl zusammen verkneten, bis alles gut vermischt ist.

4 Die Aubergine waschen, putzen und klein würfeln. In einer beschichteten Pfanne das restliche Olivenöl erhitzen und die Aubergine darin anbraten. Den Ahornsirup und die Sojasauce zufügen und bei kleiner Hitze 5–8 Minuten schmoren lassen.

5 Die Bohnen abgießen, abspülen und abtropfen lassen. Die Walnüsse in einer Pfanne ohne Fett rösten. Die Beeren auftauen lassen.

6 Für die Sauce die Knoblauchzehe und den Ingwer schälen und fein hacken. Mit Curry-, Miso-Paste und Mandelmus zu einer cremigen Sauce verrühren. Mit Ahornsirup, Zitronensaft, Salz und Pfeffer abschmecken.

7 Den Rotkohl in eine Bowl geben, Quinoa, Süßkartoffel, Aubergine, Bohnen und Oliven darüber anrichten. Mit der Sauce beträufeln. Die Bowl mit der restlichen Avocado garnieren und mit Sesam und Walnüssen bestreuen. Nach Belieben mit den Beeren servieren.

07

SWEETS

SWEETS

Der Klassiker am Sonntagnachmittag: schnell gebacken, mit wenigen
und einfachen Zutaten – jeder liebt diesen Comfort-Food-Kuchen! Zum
Frühstück oder für spätere Naschattacken, immer ein Highlight!

MEIN WELTBESTES
BANANENBROT

FÜR 1 KUCHEN

3 EL Chia-Samen

3 reife Bananen

5–6 EL weiches Kokosöl

50 ml Pflanzendrink

3 EL Erdnussmus

50 ml Ahornsirup
(alternativ Agavendicksaft)

Saft von ½ Zitrone

250 g Dinkelvollkornmehl

1 Pck. Backpulver

80 g Kokosblütenzucker

1 TL gemahlene Vanille

3 TL gemahlener Zimt

Salz

50 g vegane Schokodrops
(nach Belieben)

50 g Rosinen (nach Belieben)

1 Schuss Mineralwasser

Außerdem

Kastenform (28 cm Länge)

Kokosöl für die Form

1 Handvoll Walnusskerne
zum Dekorieren

1 Die Chia-Samen mit 3 EL Wasser in einer kleinen Schüssel verrühren und quellen lassen.

2 Den Backofen auf 180 °C (Umluft) vorheizen. Die Form mit Kokosöl ausfetten.

3 Die Bananen schälen und in eine Schüssel geben. Mit einer Gabel zerdrücken und mit Kokosöl und Pflanzendrink vermischen. Dann Erdnussmus, Ahornsirup, Zitronensaft und gequollene Chia-Samen dazugeben und gut vermengen.

4 Mehl, Backpulver, Kokosblütenzucker, Vanille, Zimt und 1 Prise Salz vermischen und durch ein Sieb zur Bananenmischung sieben. Alles gut verrühren. Zuletzt die Schokodrops, Rosinen und das Mineralwasser unterheben.

5 Die Masse in die vorbereitete Form füllen und mit Walnüssen dekorieren. Im heißen Backofen (Mitte) ca. 45 Minuten backen.

TIPP
Für ein glutenfreies Bananenbrot verwende ich Reismehl.

Was mich früher an Keksen immer schon genervt hat, war, dass ich mir
ihre Größe nicht aussuchen konnte. Mit diesem Rezept kannst du dir die
Cookies so schneiden, wie es dir am liebsten ist!

PEANUT BUTTER COOKIE BARS

FÜR 1 BLECH

250 g Reismehl
2 TL Backpulver
Salz
60 g Kokosöl
100 g Kokosblütenzucker
50 g Erdnussmus
(alternativ Mandelmus)
50 ml Pflanzendrink
1 TL Vanilleextrakt
80 g Zartbitterschokolade

Außerdem
ofenfeste Form (ca. 20 × 20 cm)
Kokosöl für die Form

1 Den Backofen auf 180 °C (Ober-/Unterhitze) vorheizen. Die Backform ausfetten.

2 Das Mehl mit Backpulver und 1 Prise Salz in einer Schüssel vermischen.

3 Das Kokosöl mit dem Kokosblütenzucker und dem Erdnussmus in einer weiteren Schüssel mithilfe einer Gabel vermengen. Den Pflanzendrink und die Vanille unterrühren. Die Mehlmischung zufügen und alles zu einer klebrigen, nicht zu flüssigen Masse verrühren. Die Schokolade hacken und unterrühren.

4 Die Masse in die Form füllen und glatt streichen. Im heißen Backofen (Mitte) ca. 15 Minuten backen. Anschließend abkühlen lassen und in die gewünschte Form, z. B. Riegel, schneiden.

TIPP
Statt Reismehl kannst du auch Dinkelvollkornmehl für die Cookie Bars verwenden.

141

SWEETS

Als ich meiner Mutter das erste Mal diese Kekse backte, schaute sie
mich an und sagte: „Jetzt bin ich offiziell ein Fan von veganem Gebäck!"
Danach wusste ich, dass sie wirklich lecker sind!

NUSSIGE ZIMTSTERNE

FÜR CA. 60 STÜCK

200 g Puderzucker (siehe Hack)
2 EL gemahlener Zimt
1 EL Zitronensaft
200 g gemahlene Haselnusskerne
200 g gemahlene Mandeln
1 EL Abrieb von 1 Bio-Orange

Für die Glasur
150 g Puderzucker
1 TL gemahlener Zimt

Außerdem
Backpapier
Mehl zum Ausrollen
Stern-Ausstechform

1 Alle Zutaten mit 8 EL Wasser in einer Schüssel vermischen, bis ein klebriger Teig entsteht. 20 Minuten kühl stellen.

2 Den Backofen auf 230 °C (Ober-/Unterhitze) vorheizen. Ein Backblech mit Backpapier auslegen.

3 Auf einer bemehlten Arbeitsfläche den Teig ca. 1 cm dick ausrollen. Mit dem Plätzchenausstecher Sterne ausstechen. Auf das Backpapier legen. Im heißen Backofen (Mitte) 5–7 Minuten backen. So verfahren, bis der Teig aufgebraucht ist, dabei die Masse zwischendurch immer wieder kühl stellen.

4 Die Zimtsterne komplett abkühlen lassen, bis sie fest sind.

5 Für die Glasur Puderzucker mit Zimt und 5 EL Wasser verrühren. Die abgekühlten Zimtsterne damit bestreichen und trocknen lassen.

FOOD HACK

SELBST GEMACHTER PUDERZUCKER
Weißen Puderzucker aus raffiniertem Zucker vermeide ich. Im Bio-Supermarkt findest du als Alternative Puderzucker aus Rohrohrzucker. Oder du machst es wie ich und stellst Puderzucker aus Kokosblütenzucker selbst her – das geht ganz einfach. Den Zucker in einer Kaffeemühle oder einem Blitzhacker portionsweise fein mahlen. Kokosblüten-Puderzucker ist allerdings nicht ganz weiß wie raffinierter Zucker.

COOL BUTTERFINGERS

FÜR 8–10 STÜCK

7 Datteln (Medjool, ohne Stein)
3 EL Nussmus
(z. B. Erdnuss oder Mandel)
Salz
1 TL Vanilleextrakt
2 EL Reissirup
ca. 30 g gepuffter Amarant
(alternativ Paleomüsli)
Abrieb von ½ Bio-Zitrone
100 g Zartbitter-Schokodrops
2 EL Kokosmus

Außerdem
Backpapier
Cashewmus (nach Belieben)

1 Die Datteln in eine Schüssel geben und mit heißem Wasser übergießen. 10 Minuten einweichen, anschließend abgießen. Dabei das Einweichwasser auffangen. Die Datteln klein schneiden. Mit Nussmus, 1 Prise Salz, Vanille und Reissirup in einen Standmixer geben und zu einer geschmeidigen Masse pürieren. Bei Bedarf etwas vom Einweichwasser zufügen.

2 Den gepufften Amarant und den Zitronenabrieb unter die Masse heben. Diese sollte nicht zu flüssig sein, eher klebrig. Bei Bedarf noch etwas mehr Amarant zufügen.

3 Einen Teller mit Backpapier belegen. Aus der Masse rechteckige oder ovale „Finger" formen und auf das Backpapier legen. 15 Minuten in den Gefrierschrank legen.

4 Inzwischen die Schokodrops und das Kokosmus über dem Wasserbad schmelzen. Die Fingers aus dem Gefrierschrank holen und zur Hälfte oder ganz in die geschmolzene Schokolade tunken. Wieder auf das Backpapier legen und im Gefrierschrank 1 Stunde fest werden lassen.

TIPP
Nach Belieben die Butterfingers mit Cashewmus verzieren.

SWEETS

Für den süßen Heißhunger … aber in kalt! Wer hiervon keine butter-weichen Beine bekommt, hat den Sinn des Genusses nicht verstanden, haha. Ich serviere diese kleinen paradiesischen süßen Snacks eisgekühlt nach einem Abendessen. Und sie werden immer mit großer Freude vernascht!

30 MINUTEN
+ 75 MINUTEN
GEFRIERZEIT

ZUBEREITUNGSZEIT

MANDEL-KARAMELL-SHORTBREAD

FÜR 10–12 STÜCK

Für die Basis

3 EL Kokosöl
100 g Mandelmehl
50 g Kokosmehl
(alternativ Kokosraspel)
½ TL Vanilleextrakt
2 EL Honig (alternativ Ahornsirup)
50 g gehackte Nusskerne
(z. B. Mandeln, Walnusskerne)
1 Prise Salz

Für das Karamell

7 Datteln (Medjool, ohne Stein)
3 EL Erdnussmus
(alternativ Mandelmus)
100 ml Pflanzendrink
(z. B. Mandeldrink)
1 Handvoll Cashewkerne
(ca. 10 Stück)
½ TL Vanilleextrakt
1 Prise Salz

Für die Schokoschicht

100 g dunkle Schokolade
1 EL Kokosmus
(alternativ 50 ml Kokosmilch)

Außerdem

quadratisch Form (26 × 26 cm)
Kokosraspel oder gehackte
Nusskerne zum Bestreuen

1 Den Backofen auf 180 °C (Ober-/Unterhitze) vorheizen.

2 Für die Basis das Kokosöl schmelzen und mit den restlichen Zutaten vermischen. In die Form geben und festdrücken. Im heißen Backofen (Mitte) 12 Minuten goldbraun backen. Aus dem Ofen nehmen und abkühlen lassen.

3 Für das Karamell die Datteln mit heißem Wasser übergießen und 15 Minuten einweichen. Abgießen und klein schneiden. Mit den restlichen Zutaten im Standmixer zu einer geschmeidigen Masse pürieren. Sollte die Masse noch zu flüssig sein, bei Bedarf noch Datteln oder Cashewkerne zufügen. Die Karamellschicht auf der Basis verteilen und mindestens 20 Minuten im Gefrierschrank kühlen.

4 Für die Schokoschicht die Schokolade mit dem Kokosmus über dem Wasserbad schmelzen. Die Schokomasse über die Karamellschicht geben und glatt streichen. Mit Kokosraspeln oder gehackten Nüssen bestreuen. Im Gefrierschrank mindestens 1 Stunden fest werden lassen.

5 Zum Servieren in Quadrate schneiden und nach Belieben mit Konfitüre oder Schokoaufstrich toppen.

TIPP

Die Shortbreads kannst du einige Tage im Kühlschrank lagern.

Ein sehr einfacher und dennoch lohnenswerter Backspaß! In wenigen Handgriffen sind die Shortbreads fertig und lassen sich zu jeder Tageszeit himmlisch kalt auf der Zunge zergehen und genießen.

45 MINUTEN
+ 80 MINUTEN
GEFRIERZEIT

ZUBEREITUNGSZEIT

Backen muss nicht sein, speziell wenn man ein frisches sommerliches
Dessert zaubern will! Mit einfachen Zutaten sind diese kleinen fruchtigen
Tartes der perfekte süße Snack an einem heißen Tag im Garten!

NO-BAKE-
BEEREN-TARTES

FÜR 12 TARTES

Für die Basis

10 kleine Datteln
(z. B. Deglet Nour, ohne Stein)

70 g Kokosraspel

20 g Backkakao

2 EL Kokosblütenzucker

1 TL gemahlener Zimt

3 EL weiches Kokosöl

1 Prise Salz

Für die Füllung

100 ml Kokosmilch

1 Handvoll Cashewkerne
(ca. 10 Stück)

Saft und Abrieb von ½ Bio-Zitrone

1 TL Vanilleextrakt

2 EL Ahornsirup

100 g TK-Beeren (z. B. Beeren-Mix
oder deine Lieblingsbeeren)

50 g pflanzliche Joghurtalternative

Außerdem

1 Muffinblech

1 Für die Basis alle Zutaten in einen Standmixer geben und zu einer klebrigen Masse mixen. Bei Bedarf etwas warmes Wasser zufügen. Die Masse in die Mulden der Muffinform drücken.

2 Für die Füllung Kokosmilch, Cashewkerne, Zitronensaft und -abrieb, Vanilleextrakt und Ahornsirup in einem Standmixer zu einer cremigen Masse mixen. Die Hälfte der Masse abnehmen und beiseitestellen. Die Beeren und den Joghurt zur restlichen Creme in den Mixer geben und erneut mixen, bis die Masse geschmeidig ist.

3 Die Beerencreme auf der Basis verteilen und anschließend die restliche beiseitegestellte Creme – du kannst hier auch variieren.

4 Die Tartes im Gefrierschrank mindestens 1 Stunde fest werden lassen. 10 Minuten vor dem Verzehr aus dem Gefrierschrank holen und im Kühlschrank lagern. Kalt genießen.

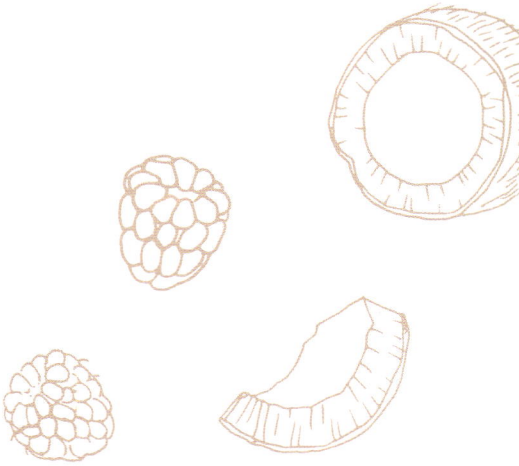

MACADAMIA WHITE CHOCOLATE COOKIES

FÜR 11–13 COOKIES

50 g Macadamianusskerne
50 g weiße vegane Schokolade
100 g Kokosblütenzucker
5 EL weiches Kokosöl
4 EL weißes Mandelmus
100 g Mandelmehl
1 TL Vanilleextrakt
1 Prise Salz
20 g Ahornsirup

Außerdem
Backpapier

1 Den Backofen auf 180 °C (Ober-/Unterhitze) vorheizen. Ein Backblech mit Backpapier auslegen.

2 Die Macadamianüsse und die Schokolade klein hacken. Etwa 1 Handvoll Nüsse und Schokolade für die Deko beiseitelegen.

3 Den Zucker mit dem Kokosöl und Mandelmus verquirlen, bis eine klebrige Masse entsteht. Die restlichen Zutaten unterheben.

4 Den Teig portionsweise mit einem Esslöffel auf das Backpapier geben. Mit den restlichen Nüssen und Schokolade bestreuen. Im heißen Backofen (Mitte) 12 Minuten backen. Die Cookies sollen noch etwas weich sein. Auskühlen lassen.

Ich kenne niemanden, der keine Kekse mag. Das liegt wohl daran, dass man sie in so vielen unterschiedlichen Ausführungen machen kann. Wir wollen eben nicht immer nur den klassischen Schokokeks, sondern auch mal etwas anderes. Macadamianüsse und weiße Schokolade werden meiner Meinung nach total unterschätzt … deshalb hier das Rezept zum Selberbacken!

15 MINUTEN
+ 12 MINUTEN
BACKZEIT

ZUBEREITUNGSZEIT

BIRTHDAY BROWNIES

FÜR CA. 15 STÜCK

Für die Basis
3 TL geschroteter Leinsamen
1 Glas schwarze Bohnen
(220 g Abtropfgewicht)

150 g Mandelmehl
30 g Backkakao
3 EL Kokosmus
3 EL Mandelmus
3 EL Kokos-Joghurtalternative
50 ml Pflanzendrink (z. B. Nussdrink)
4 EL Ahornsirup
1 TL Backpulver
½ TL Salz
1 TL Vanilleextrakt

Für die mittlere Schicht
5 Datteln (Medjool, ohne Stein)
3 große getrocknete Feigen
3 EL Cashewmus
½ TL Salz
Mandelaroma (aus dem Bio-Markt)

Für die Schokoschicht
2 EL Kokosöl
3 EL Tahin (Sesammus)
3 EL Ahornsirup
3 EL Backkakao

Außerdem
ofenfeste Form (ca. 25 × 25 cm)
Backpapier oder Kokosöl für die Form

1 Den Backofen auf 180 °C (Umluft) vorheizen. Die Backform mit Backpapier auslegen oder einfetten.

2 In einer Schüssel den Leinsamen mit 6 EL Wasser verrühren und quellen lassen. Die Bohnen abgießen, abspülen und abtropfen lassen.

3 Alle Zutaten für die Basis in einen Standmixer geben und mixen, bis eine gleichmäßige Masse entsteht. Sollte die Konsistenz zu trocken bzw. klebrig sein, noch etwas Pflanzendrink zufügen.

4 Die Masse in die Form füllen, glatt streichen und im heißen Backofen (Mitte) 25 Minuten backen. Herausholen und abkühlen lassen, damit die Masse fest wird.

5 Für die mittlere Schicht die Datteln und Feigen mit 50 ml kochendem Wasser übergießen und einweichen. Alle Zutaten – auch das Einweichwasser – im Standmixer pürieren. Wenn die Masse zu fest ist, noch warmes Wasser zufügen. Wenn sie zu dünnflüssig ist, noch etwas Cashewmus hinzugeben. Die Dattelmischung auf dem ausgekühlten Teig verstreichen und in den Kühlschrank stellen.

6 Für die Schokoschicht in einem Topf alle Zutaten bei kleiner Hitze erwärmen, bis sich alles homogen verbunden hat. Auf der Dattelschicht verteilen und in den Kühlschrank stellen, bis sie fest geworden ist.

Wenn bei einer Party Marmor- oder Zitronenkuchen mit reichlich Weißmehl und Zucker die Runde macht, freut man sich zunächst. Aber nach dem dritten Stück fühlt man sich schon nicht mehr wohl. Meine Birthday Brownies, in denen sich gesunde Zutaten und Nährstoffe verstecken, sind der Hit. Du wirst staunen, wie nährend und befriedigend diese Kombi ist.

30 MINUTEN
+ 25 MINUTEN
BACK- UND
KÜHLZEIT

ZUBEREITUNGSZEIT

SWEETS

Seit ich angefangen habe, diese kleinen süßen Wundersnacks für meinen
Papa zu machen, kriegt er nicht genug davon und ich muss fast alle zwei
Tage ein neues Blech machen! Ob Schoko-, Salz-, Eis- oder Karamelllieb-
haber: Vertrau mir, JEDER wird den gesunden Twix®-Style lieben!

„ÁSTIN MÍN"
SALTY CARAMEL BARS

FÜR 1 BACKBLECH

200 g Mandelmehl

3 EL Honig (alternativ Ahornsirup)

100 g gehackte Nusskerne
(z. B. Mandeln, Haselnusskerne)

2 TL gemahlener Zimt

1 reife Banane

5 EL pflanzliche Joghurtalternative

50 ml Pflanzendrink

100 g Kokosblütenzucker

5 EL Erdnussmus

1 TL Vanilleextrakt

½ TL feines Salz

100 g vegane Schokodrops

40 g Backkakao

3 EL Mandelmus

3 EL Kokosmus

30 ml Ahornsirup

1 Handvoll Erdnusskerne

grobes Salz

Außerdem
1 quadratisches Backblech
(25 × 25 cm)

1 In einer Schüssel Mandelmehl, Honig, gehackte Nüsse und Zimt vermengen, bis eine klebrige Masse entsteht. Auf dem Boden der Backform gleichmäßig verteilen und festdrücken.

2 Die Banane zerdrücken und mit Joghurt, Pflanzendrink, Kokosblütenzucker, Erdnussmus, Vanilleextrakt und feinem Salz in einen kleinen Topf geben. Bei niedriger Hitze unter Rühren erhitzen, bis alles andickt. Die Masse kurz abkühlen lassen und über der Nusschicht verteilen. 15 Minuten in den Gefrierschrank stellen.

3 Inzwischen die Schokodrops über dem Wasserbad schmelzen lassen. Kakaopulver, Mandelmus, Kokosmus und Ahornsirup zufügen und verrühren, bis eine homogene Masse entsteht.

4 Die Schokoschicht gleichmäßig auf der Masse verteilen. Mit Erdnüssen und grobem Salz bestreuen und mindestens 1 Stunde im Gefrierfach erkalten lassen.

5 10 Minuten vor dem Servieren aus dem Gefrierfach holen und in längliche Streifen schneiden.

TIPP

Friere die Bars portionsweise ein und hole sie nach Bedarf aus dem Gefrierschrank.

40 MINUTEN
+ 30 MINUTEN
GEFRIERZEIT

ZUBEREITUNGSZEIT

Wenn ich etwas im Sommer liebe, dann ist es eine süße, aber dennoch leichte und fruchtige, kalte Versuchung. Diesen No-bake-Cake kann man wunderbar lange im Gefrierfach aufbewahren und an heißen Tagen mit einem Eiskaffee genießen. Aber Hand aufs Herz: Auch zum Frühstück ist dieser Kuchen ein absolutes Highlight!

COOKIE DOUGH BERRY CAKE

FÜR 12 STÜCK

Für die Basis
50 g Pekannusskerne
3–4 Datteln (Medjool, ohne Stein)
100 g naturbelassenes Granola
(alternativ Großblatt-Haferflocken)
50 g Kokosraspel
3 EL Honig (alternativ Ahornsirup)
½ TL Salz
Vanilleextrakt

Für die mittlere Schicht
100 g Kichererbsen (Glas)
100 g Mandelmehl
3 EL Cashewmus
50 ml Ahornsirup
50 ml weiches Kokosöl
2 TL Vanilleextrakt
Salz
50 g vegane Schokodrops

Für die Beerenschicht
200 g TK-Beeren (z. B. Beeren-Mix)
Saft von 1 Zitrone
60 g Kokosblütenzucker
2 EL Speisestärke

Außerdem
Springform (Ø 28 cm)

1 Für die Basis die Pekannusskerne grob hacken und die Datteln klein schneiden. In einer großen Schüssel mit den restlichen Zutaten vermischen, bis eine klebrige Masse entsteht. Bei Bedarf etwas warmes Wasser untermischen. Die Masse auf dem Boden der Form verteilen, dabei einen kleinen Rand hochziehen und alles gut festdrücken.

2 Für die mittlere Schicht die Kichererbsen abgießen, abspülen und abtropfen lassen. Mithilfe einer Gabel zerkleinern.

3 Die Kichererbsen mit dem Mandelmehl, Cashewmus, Ahornsirup, Kokosöl, Vanilleextrakt und 1 Prise Salz gründlich vermischen. Die Schokodrops unterheben. Die Cookie-Dough-Masse auf den Granolaboden geben und gleichmäßig verteilen.

4 Für die Beerenschicht in einem kleinen Topf die Beeren mit Zitronensaft, Zucker und Stärke verrühren und erhitzen, bis alles andickt und die Flüssigkeit der Beeren etwas verdampft ist.

5 Auf dem Kuchen verteilen und mindestens 30 Minuten gefrieren.

6 Sobald die Beerenschicht fest ist, den Kuchen im Kühlschrank lagern.

HINTER DEN KULISSEN

REGISTER

ELENA CARRIÈRE ist ein deutsches Model, Moderatorin sowie Schauspielerin und Tochter des bekannten Schauspielers Mathieu Carrière. Einem breiteren Publikum wurde Elena bekannt durch ihre Teilnahme an der elften Staffel der Castingshow „Germany's Next Topmodel" im Jahr 2016, in welcher sie den zweiten Platz belegte.

Seitdem arbeitet sie für viele renommierte und internationale Unternehmen. Ihre Social-Media-Reichweite nutzt sie, um Herzensthemen wie veganes Essen, Nachhaltigkeit, Body Positivity und Women's Empowerment voranzutreiben. Elenas Wunsch ist es, einer breiten Masse die Vorzüge einer veganen Ernährung näherzubringen. Aufgewachsen in Italien prägte ihre Kindheit die Liebe für gutes Essen. Kein Wunder also, dass Pasta mit zu ihren Lieblingsrezepten gehört!

LITERATUREMPFEHLUNGEN ZU TCM

🌿 Between Heaven and Earth: A Guide to Chinese Medicine – Harriet Beinfield

🌿 Chinese Medicine: The Web that has no Weaver – Ted J. Kaptchuk

🌿 The Tao of Healthy Eating – Bob Flaws

🌿 Nourishing Traditions – Sally Fallon

ANNAMARIA ZINNAU

lebt im Hamburg, wo sie als Foodfotografin und Stylistin für zahlreiche Foodmagazine und Werbekunden arbeitet. Als gelernte Fotografin und leidenschaftliche Köchin startete sie 2013 ihren Foodblog Himberrot (@himberrotfoodart) – inspiriert von der Natur, selbst geerntetem Obst und Gemüse aus dem Garten oder vom lokalen Marktstand. Neben der Fotografie verbringt sie viel Zeit auf Flohmärkten, der Yogamatte oder dem Surfbrett in fernen Ländern.

AUTORIN & FOTOGRAFIN

Bibliografische Information der Deutschen Bibliothek.

Die Deutsche Bibliothek verzeichnet diese Publikation in der Deutschen Nationalbibliografie.

Detaillierte bibliografische Daten sind im Internet über http://www.dnb.de/ abrufbar.

EIN BUCH DER EDITION MICHAEL FISCHER

1. Auflage 2022

© 2022 Edition Michael Fischer GmbH, Donnersbergstr. 7, 86859 Igling

COVERGESTALTUNG, LAYOUT UND SATZ: Sonja Bauernfeind

REDAKTION UND LEKTORAT: Lena Buch, Isabell Stegmeier

PEOPLEFOTOGRAFIE: Linda Böse, Hamburg

FOODFOTOGRAFIE: Annamaria Zinnau, Hamburg

BILDNACHWEIS: S. 51, 59, 63, 65, 69, 71, 75, 80, 89, 115, 119, 121, 125, 131, 147, 153: ©Irina Vaneeva/Shutterstock; S. 65, 91, 93, 97, 109, 115, 129: ©Zhemchuzhina/Shutterstock; S. 139: ©rraya/Shutterstock; S. 121, 123, 141, 147, 151: ©Cat_arch_angel /Shutterstock; S. 53,107, 119: ©Angelina de Sol/Shutterstock; S. 103: ©Alina Inova/Shutterstock; S. 81: ©nafanya241/Shutterstock; S. 49, 57, 67, 73: ©uladzimir zgurski/Shutterstock; S. 27, 129: ©Victoria Sergeeva/Shutterstock

Herzlichen Dank gilt auch Sinikka Harms (www.sinikkaharms.de) und Jasper Techel für die großartige Geschirrleihgabe.

ISBN 978-3-7459-0901-2

Gedruckt bei PNB Print SIA „Jansili", Silakrogs, Ropazu novads, LV-2133, Lettland

www.emf-verlag.de

IMPRESSUM